철학 에세이

개정 4판

철학 에세이 (개정4판)

초판 1쇄 펴낸날	1983년 5월 15일
개정1판 1쇄 펴낸날	1989년 12월 10일
개정1판 17쇄 펴낸날	1993년 3월 10일
개정2판 1쇄 펴낸날	1993년 5월 10일
개정2판 3쇄 펴낸날	1993년 12월 10일
개정3판 1쇄 펴낸날	1994년 3월 10일
개정3판 24쇄 펴낸날	2005년 1월 20일
개정4판 1쇄 펴낸날	2005년 6월 30일
개정4판 23쇄 펴낸날	2025년 11월 20일

지은이 조성오   편집 김현정 김혜윤 이심지 이정신 이지원 홍주은
그린이 이우일   디자인 김태호
펴낸이 이건복   마케팅 임세현
펴낸곳 도서출판 동녘   관리 서숙희 이주원

인쇄·제본 영신사   라미네이팅 북웨어   종이 한서지업사

등록 제311-1980-01호 1980년 3월 25일
주소 (10881) 경기도 파주시 회동길 77-26
전화 영업 031-955-3000 편집 031-955-3005 팩스 031-955-3009
홈페이지 www.dongnyok.com 전자우편 editor@dongnyok.com
페이스북·인스타그램 @dongnyokpub

ⓒ 조성오, 1983
ISBN 978-89-7297-516-8 (03100)

- 잘못 만들어진 책은 구입처에서 바꿔 드립니다.
- 책값은 뒤표지에 쓰여 있습니다.

동녘 선서 4

철학 에세이

개정 4판

조성오 지음

이우일 그림

동녘

다시 개정판을 내며

1983년 5월 《철학 에세이》가 이 세상에 처음 모습을 선보인 이래 20여 년의 시간이 지났음에도 여전히 독자들의 관심과 애정을 받고 있음에 지은이로서는 과분함을 느낍니다.

《철학 에세이》는 '이 땅에 태어난 모든 것은 변화한다, 모든 것은 관련되어 있다, 그리하여 우리 사회도 변화하고 있고 변화할 수 있으며, 우리 사회 구석구석의 모든 사람, 사물, 자연은 서로 연관을 맺고 살아가고 있다'라고 외쳤고, 그것이 우리 사회의 변화를 바라던 많은 사람의 관심과 호응을 불러일으켰을 것이라고 지은이는 이해하고 있습니다.

《철학 에세이》가 나온 뒤에 우리 사회는 각 분야에서 큰 변화가 생겨났습니다. 지은이는 이러한 점을 몸으로 피부로 느끼고 있고, 독자 여러분의 생각도 다르지 않으리라 생각합니다. 그러나 모든 것은 변화하고 모든 것은 관련을 맺고 있다는 점은 여전히 변하지 않는 진리로서 우리에게 일정한 삶의 나침반으로서의 기능을 하리라 생각합니다.

《철학 에세이》는 첫 출간 이후 이번의 개정까지 합쳐 네 차례 개정을 거쳤습니다. 그간의 개정이 그러했듯이 이번의 개정도 근본적인 개정이라기보다는 내용이나 문맥에서 부적절한 것을 알맞게 고치고 독자층의 변화에 따라 더욱 이해하기 쉬운 예로 바꾸거나 하는 수준에서의 개정이고, 차제에 그 옷을 동녘 출판사의 노력에 힘입어 더욱 친근하게 바꾸었습니다.

이 책을 읽는 분들은 학생일 수도 있고 생업에 종사하는 직장인일 수도 있습니다. 각자 생활의 조건이 다를 것입니다. 하지만 이 책이 각자의 생활조건이 다름에도 그 삶에 하나의 지침, 나침반으로서의 역할을 할 수 있다면, 지은이로서는 더 바랄 바 없이 기쁠 것입니다. 모쪼록 이 책이 그러한 역할을 할 수 있기를 기원하면서, 이 책의 개정에 다시 한 번 노력해 주신 동녘 식구들에게 감사를 표합니다.

2005년 4월
지은이

개정3판에 부쳐

《철학 에세이》 초판이 나온 지 햇수로 12년 만에 개정3판을 독자 여러분 앞에 내놓게 되었습니다. 그간 두 차례 개정이 있었습니다만, 다시 한 번 《철학 에세이》의 모습을 가다듬게 된 데는 독자 여러분의 애정 어린 충고와 《철학 에세이》에 남다른 사랑을 보여준 주위 분들의 지적이 있었기 때문입니다. 비록 개정2판이 나온 후 오랜 시일이 지난 것은 아니지만 독자 여러분의 충고와 주위 분들의 지적에 힘입어 《철학 에세이》에 다시 한 번 새 옷을 입히기로 결정한 것입니다.

개정3판에서 이루어진 변화는 다음 세 가지 점입니다.

첫째, 이전 판에 실려 있던 여러 사례와 내용 가운데 부적절하다고 판단되는 것을 좀더 알맞은 것으로 바꾸고 고쳤습니다. 1989년에 1차로 개정할 당시에 《철학 에세이》의 내용을 상당히 많이 수정·보완하였습니다만, 그래도 미진한 채로 남아 있던 것을 이번 기회에 가다듬고 보완하였습니다.

둘째, 《철학 에세이》 뒷부분의 서술 체계를 좀더 가지런히 하여 독자 여러분의 이해를 돕고자 하였습니다. 이전의 판에서 하나의 마디에 여러 내용을 싣다 보니 자칫 독자 여러분이 혼란스러울 수 있겠다 싶어 정비한 것입니다.

셋째, 책의 표지, 조판 체계 등, 말하자면 《철학 에세이》의 겉옷을 동녘 여러분의 노고에 힘입어 일신하였습니다. 새롭게 바뀐 《철학 에세이》의 모습은 독자 여러분에게 더욱 큰 친근감을 안겨 주리라 생각합니다.

생각해 보면, 《철학 에세이》는 참으로 행복한 책이라는 생각이 듭니다. 이 세상에 태어나는 무수한 책들 중 많은 책이 독자 여러분의 사랑을 받지 못하거나 일시적으로 사랑을 받고 그 수명을 다하지만, 《철학 에세이》는 지금껏 독자 여러분의 변함없는 사랑을 받고 있기 때문입니다. 모쪼록 《철학 에세이》가 독자 여러분에게 '생활의 나침반', '삶의 조타수'라는 역할을 변함없이 수행해 나갔으면 하는 바람입니다.

끝으로, 뜨거운 애정을 갖고 《철학 에세이》를 만들고 다듬는 데 수고를 아끼지 않은 동녘 식구들에게 다시 한 번 감사를 전하면서 개정3판의 서두를 대신합니다.

1994년 2월
조성오

필자의 변

'**철학**의 생활화'를 내걸고 《철학 에세이》가 세상에 나온 지 올해로 만 10년이 됩니다. 10년이면 강산도 변한다는데 그 동안 《철학 에세이》도 한 차례 개정을 이루었고 우리 사회의 모습 역시 적잖이 변했습니다.

　돌이켜 보면, 《철학 에세이》가 태어나던 시절에 우리 사회의 상황은 참으로 암울했습니다. 사회의 진보를 향한 뜨거운 몸짓들이 여러 가지 명목과 조문으로 제지당하고 단죄되었으며, 진실을 외치는 목소리 역시 입막음당했습니다.

　《철학 에세이》도 예외는 아니었습니다. 수차례의 판매 금지 조치, 왜곡된 선전 등 이 책을 독자 여러분에게서 떼어놓기 위한 여러 가지 압력이 있었습니다. 그러나 독자 여러분이 보내 주신 변함없는 애정과 성원은 이러한 어려움을 이기게 해 주었고, 그리하여 오늘의 《철학 에세이》가 있게 하였습니다.

　이 자리를 통해 독자 여러분에게 다시 한 번 뜨거운 감사를 드립니다. 또 《철학 에세이》를 만들고 다듬고 지키는 데 수고를 아끼지 않으신 동념의 여러분에게도 다시 한 번 고마움을 표합니다.

이제 독자 여러분에게 한 가지 사실을 밝히고자 합니다. 그 동안 《철학 에세이》는 자신의 본래 이름표가 아닌 '편집부'라는 명찰을 달고 독자 여러분에게 다가갔습니다. 물론 처음부터 필자의 이름을 밝히는 것이 온당한 일이었겠지만, 일이 이렇게 된 것은 발간할 당시의 사회 상황으로 인해 필자의 이름을 밝히기 어려웠고, 또 이를 감안한 출판사 측의 적극적인 배려가 있었기 때문입니다.

발간한 지 10년이 지난 이제야 필자의 이름을 밝히게 된 점에 대해 독자 여러분의 깊은 이해를 구하며 더욱 많은 성원과 편달을 부탁드립니다.

1993년 5월
조성오

책을 내면서

현재 철학이 우리의 현실 속에서 차지하고 있는 위치와 모습은 철학이 가져야 할 위치나 모습으로부터 몇 가지 점에서 크게 벗어나 있다고 생각합니다.

우선 지적해야 할 것은, 철학이 진정 그것을 이해하고 활용해야 할 우리 사회의 대다수 사람들로부터 동떨어진 것으로 되었다는 점입니다. 철학이 철학을 전문으로 하는 소수의 사람들에게만 통하는 암호 같은 것으로 되어 버린 점은 마땅히 극복되어야 할 것입니다. 그와 같은 단절된 철학에서 커다란 사회적 의의를 발견할 수는 없을 것입니다. 철학이 많은 사람들로부터 벗어나게 된 원인을 살펴보면, 첫째 그 내용이 어렵게 설명되고 있다는 점, 둘째 생활과 직접적인 연관성을 갖지 못하고 있다는 점을 들 수 있습니다. 따라서 철학의 사회적 단절을 극복하기 위해서는 생활에 관련되는 것에서 출발하여 그것을 쉽게 설명하는 철학이 되어야 할 것입니다.

둘째는, 모든 철학이 그러한 것은 아니지만 우리에게 제시되는 철학 중의 많은 것들이 우리가 접하는 것들을 해석하고 설명하려 하지, 그것들을 과학적으로 이해하고 새롭게 발전시켜 나가는 원리를 직접적으로 제공하고 있지 못하다는 점입니다. 만일 철학이 설명으로 그쳐 버리는 것이라면 이것 또한 의미가 없을 것입니다. 그러한 철학은 극단적으로 이야기하자면 결국 '생각하기 위한 생각'에 그칠 뿐일 테니까요.

셋째는, 물론 이것은 앞에서 지적한 것과 관련되지만, 철학적 내용이나 지식이 구체적인 생활 속에서 활용되지 못하고 몸에 달고 다니는 장식품에 불과한 것으로 되는 경우가 많다는 점입니다. 철학은 과시적 사치품이 아니라, 당연히 생활의 곡괭이가 되고, 삽이 되고, 또한 나침반이 되어야 할 것입니다.

모두 여덟 마당으로 이루어진 이 조그마한 책자는 이상과 같은 문제점들로부터 출발하여 이루어졌습니다. 그 내용을 구성해 나가는 데 생활에 관련되는 문제를 좀더 쉽게 과학적으로 설명함으로써 구체적 생활에 보탬이 되게 하고자 하는 의욕이 크게 작용했다는 점을 말씀드릴 수 있을 것 같습니다. 그렇지만 문제에 대한 좀더 다듬어진 이해와 노력을 기울이지 못했다는 아쉬움을 지울 수 없습니다. 다만 이러한 과정이 평범한, 그러나 사회적, 역사적으로 중요한 생활인들을 위한 철학서가 더 나은 모습으로 나오는 데 한 징검다리가 되기를 바랄 뿐입니다.

1983년 4월
지은이

차 례

다시 개정판을 내며 • 4
개정3판에 부쳐 • 6
필자의 변 • 8
책을 내면서 • 10

첫째 마당 **철학이란 무엇인가** • 15
    첫째 마디   철학과 일상생활의 관계 • 17
    둘째 마디   철학은 인생의 나침반 • 26

둘째 마당 **모든 것은 관련되어 있다** • 35
    첫째 마디   늑대는 늑대, 멧돼지는 멧돼지인가 • 37
    둘째 마디   바람이 불면 통장수가 돈을 번다 • 48

셋째 마당 **모든 것은 변화한다** • 63
    첫째 마디   꽃봉오리는 피어나고 있다 • 65
    둘째 마디   창과 방패 이야기 • 75
    셋째 마디   날아가는 공을 보며 든 생각 • 94
    넷째 마디   달걀과 물에 열을 가하면 • 111
    다섯째 마디   예술가의 고민 • 122
    여섯째 마디   전쟁과 부부 싸움 • 133

넷째 마당　**한 올의 실이 천이 되기까지** • 139

다섯째 마당　**뒤팡의 잃어버린 편지 찾기** • 159

여섯째 마당　**기러기는 기러기다** • 181

일곱째 마당　**생각이란 무엇인가** • 201
　　　　　첫째 마디　　인간의 뇌 • 203
　　　　　둘째 마디　　채플린의 콧수염 • 208
　　　　　셋째 마디　　몸으로 배우다 • 215
　　　　　넷째 마디　　무조건 옳다? • 224
　　　　　다섯째 마디　새처럼 자유롭게 난다는 것 • 228

여덟째 마당　**남은 얘기들** • 235
　　　　　첫째 마디　　손오공과 조요경 • 237
　　　　　둘째 마디　　시와 문자 • 245
　　　　　셋째 마디　　사라예보의 총성 • 251
　　　　　넷째 마디　　팔자는 고칠 수 없나? • 257
　　　　　다섯째 마디　봉건 영주가 될 가능성 • 268

첫째 마당

철학이란 무엇인가

철학 에세이

첫째 마당 철학이란 무엇인가

철학과 일상생활의 관계

첫째 마디

철학이라고 하면 사람들은 보통 어려운 것, 골치 아픈 것, 나와는 관계 없는 것이라 생각하고 이에 대해서 멀리합니다. 사춘기 때, 즉 인생에 대해서 고민할 때에는 인생이란 무엇인가, 산다는 것은 어떤 의미가 있는가, 인생을 의미 있게 살기 위해서는 어떻게 해야 하는가에 대해 깊이 생각해 보기도 하고, 친구와 밤을 새워 토론하기도 하고, 이에 관한 책을 사서 탐독하기도 합니다. 그러나 점차 나이가 들면서 사느라고 바빠지면 이러한 문제에 대해 심각하게 고민하기를 그쳐 버립니다. 그러고는 인생의 의미라든지 철학이라든지 하는 것과는 전혀 관계가 없는 듯이 생활해 나갑니다.

그렇다면 우리가 인생에 대해서 고민할 때에는 철학과 가까이 있는 것이고, 그 후 생활에 빠져 버렸을 때에는 철학과 멀리 있는 것일까요?

대부분의 사람들은 그렇게 생각합니다. 왜냐하면 철학에 대해서 잘못된 생각을 가지고 있기 때문입니다. 철학이라고 하면 심각하게 고민하는 것, 철학자 하면 땅은 보지 않고 하늘만 쳐다보며 일도 하지 않고 사는 사람으로 생각하기 때문입니다. 물론 철학 중에는 머리로만 생각하고 실제 생활과 관계가 없는 것도 있고, 또 철학자 중에는 인간의 구체적인 생활과는 관계없이 하늘만 바라보면서 허공에서 무엇인가를 잡아 보려고 허우적대는 사람도 있습니다.

그러나 철학은 이런 것이 아닙니다. 철학은 일상생활과 밀접한 관련을 맺고 있고 우리의 생활은 철학과 끊임없이 관계를 맺어 나갑니다. 주변의 일상생활로부터 철학을 떼어 낼 수는 없는 것입니다.

우리 주변에 흔히 있는 일을 예로 들어 설명해 봅시다.

사람들은 흔히 "나무는 보고 숲은 보지 못한다"라고 이야기합니다. 이는 부분만 보아서는 안 되며 전체 모습을 파악해야 한다는 것을 깨우쳐 주는 말입니다. 이 말은 많은 사람들이 생활 속에서 얻은 교훈입니다. 그리하여 눈을 크게 뜨고 보라고 말합니다. 이러한 교훈, 즉 부분만이 아니라 전체적인 면을 파악하라는 말은 체험을 통해 나온 것이어서 우리가 살아가는 데 매우 유용한 나침반 노릇을 하는 경우가 많습니다. 눈을 크게 뜨고 전체적으로 사물을 보게 되면 부분만을 보았을 때에는 해결되지 않던 문제가 쉽게 해결되는 경우가 종종 있습니다. 예를 통해 알아봅시다.

물에 열을 가하여 끓이면 물이 없어집니다. 푸른 하늘에는 구름이 흘러갑니다. 우리는 이러한 두 가지 현상 사이에 관련이 있음을 알고 있습니다. 즉 물을 끓이면 수증기가 되고, 수증기는 또 공중에서 냉각되어

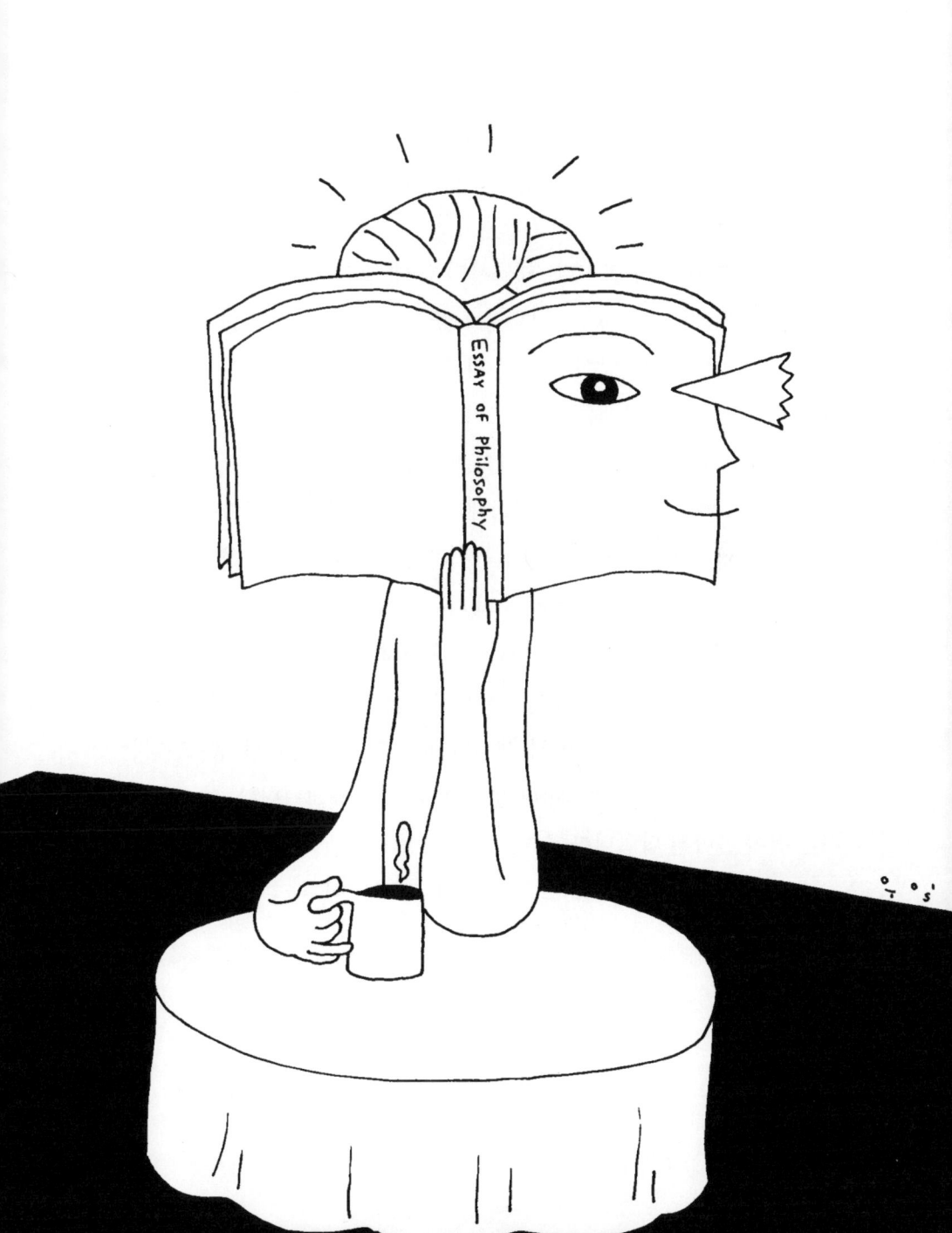

조그마한 물방울이 되며, 이것이 모인 것이 바로 구름입니다. 구름은 다시 눈이나 비로 되어 지상으로 떨어져서 물이 됩니다. 눈을 크게 뜨고 이러한 현상 사이의 연관성을 보면 사물을 올바로 파악할 수 있습니다. 만약 앞의 두 현상, 즉 물과 구름의 연관성을 생각하지 않고 물과 구름을 분리하여 그 일부분만을 놓고 생각한다면 우리는 올바르게 인식하기 어렵습니다.

또 다른 예를 들어 봅시다. 옛날부터 전해 오는 풀기 어려운 문제에 "닭이 먼저냐 알이 먼저냐" 하는 것이 있습니다. 어찌 보면 닭이 먼저인 것 같고 또 어찌 보면 알이 먼저인 것 같습니다. 이 책을 읽는 독자들도 아마 한 번쯤은 이 문제를 풀어 보려고 했을 것입니다. 그런데 닭이나 알은 아주 오랜 옛날부터, 즉 세상이 있으면서부터 존재한 것이 아닙니다. 닭이나 알은 모두 생물이 진화해 온 어떤 단계에서 나타난 것입니다. 그러므로 모든 생물이라는 커다란 관점에서 보면 답은 간단히 나옵니다. 먼저 알이라고 부르는 것이 생겨 알을 낳는 여러 가지 동물이 나타나고 그 뒤에 닭이 생긴 것입니다. 이 문제가 어렵게 느껴지는 이유는 알을 생각할 때, '닭의 알'이라는 식으로 스스로 좁게 한정하여 생각하기 때문입니다. 파리도 알에서 생겨나고 물고기도 알에서 생겨난다는 사실을 넓은 안목으로 파악한다면 문제는 쉽게 해결됩니다. 알이 먼저라는 것이 올바른 답입니다.

이처럼 "나무는 보고 숲은 보지 못한다"라는 말이 우리에게 일깨워 주는 것은 부분만을 보아서는 안 되고 전체를 보아야 한다는 것이며, 이는 우리의 일상생활에서 나온 말입니다. 우리가 넓은 안목으로 사물을 보아야 하는 것은 그 사물들 사이에 연관이 있기 때문입니다. 만약 연관이 없다면 굳이 눈을 크게 뜨고 볼 필요는 없을 것입니다. 이와 같이 "나무는 보고 숲은 보지 못한다"라는 말은 그 속에 사물은 연관되어 있다는 점, 즉 물은 구름과 연관이 있고 알은 닭뿐만이 아니라 파리, 물고기와도 연관이 있음을 암시하고 있습니다. 이러한 사물의 연관성은 철학적으로 매우 중요한 생각입니다. 우리는 앞에서 두 가지 예를 보았습니다. 일상생활의 체험 속에는 그 밖에도 단편적이나마 번뜩이는 철학적 진리가 많이 들어 있습니다. 다만 우리가 주의를 기울이지 않을 뿐입니다. 또한 철학적으로 사고함으로써 일상생활을 좀더 깊이 있게 음미하고 인식할 수 있습니다. 철학은 우리의 일상생활과 밀접한 연관을 가지고 있는 것입니다.

앞에서 철학은 우리의 일상생활과 밀접한 관련을 맺고 있다고 말했습니다. 그렇다면 일상생활 속에서 갖는 생각이 곧 철학적 생각일까요? 우리는 일상생활 속에서 느끼는 생각을 감상(感想)이라고 부릅니다. 그러므로 앞의 물음은 이렇게 바꿀 수 있습니다. 즉 감상이 곧 철학적 생각일까요? 이 물음에 답하려면 감상이 갖는 특징과 철학적 생각이 갖는 특징을 알아야 합니다. 결론적으로 말한다면, 일상생활의 감상은 혼잡하고 철학적 생각은 체계적입니다.

우리가 생활하는 범위는 한정되어 있습니다. 우리가 아무리 많은 사람과 만나고 세계 여러 곳을 돌아다닌다 하더라도 이 지구의 모든 사람과 모든 곳을 다 접할 수는 없으며, 설령 그럴 수 있다 하더라도 지구 밖의 우주까지는 미칠 수 없습니다. 이렇듯 우리의 생활범위는 한정되어 있습니다. 일정한 범위 안의 사람들과 접촉하고 일정한 범위 안의 지역에서 생활하고 있는 것입니다. 따라서 우리가 일상생활에서 느끼는 생각, 즉 감상은 한정된 경험에 의해 만들어진 것이라고 할 수 있습니다.

서울에 살고 있는 한 어린이와 두메산골에 살고 있는 한 어린이가 있다고 합시다. 지금은 그런 곳이 별로 없겠지만 하여튼 여기서 말하는 두메산골에는 머리 위로 빠끔히 하늘만 보일 만큼 산이 많아 외부와 교통사정이 나빠서 기차도 들어오지 않고 자동차도 다니지 않는다고 합시다. 먼저 서울의 어린이에게 4킬로미터를 가는 데 시간이 얼마나 걸리겠느냐고 물어 보면 다음과 같이 대답할 것입니다. 걸어서 가면 약 한 시간 걸리고, 버스를 타면 약 십 분 걸리고, 택시를 타면 이보다 빠를 것이라고. 똑같은 질문을 두메산골의 어린이에게 했다고 합시다. 그러면 한 시간 정도 걸린다고만 대답할 것입니다. 왜냐하면 그곳은 차가 없으므로 이 어린이의 경우 차를 탄다는 생각은 좀처럼 하기 어렵고 오직 걷는 것만을 생각할 것이기 때문입니다.

이런 경우에는 단순히 누구의 대답이 옳고 누구의 대답이 그르다고 할 문제가 아니라, 생활환경이 다르다는 것을 고려해야 합니다. 각자의 생활환경에 따라 대답이 달라지기 때문입니다. 요컨대 생각은 생활환경에 따라 한정됩니다.

앞에서 든 예는 서로의 지역이 다르기 때문에, 즉 지역적 환경이 다르기 때문에 일어난 일입니다. 하지만 동일한 지역에 산다 하더라도 이러한 일이 일어날 수 있습니다. 즉 각자의 사회적 환경이 다름에 따라 동일한 사물을 놓고도 생각이 달라질 수 있는 것입니다.

똑같이 서울에 사는 두 사람이 있다고 합시다. 한 사람은 서울 중심가에 있는 고층 빌딩에서 일하면서 월급을 많이 받는 사람이고, 다른 한 사람은 길거리에서 리어카에 과일을 놓고 파는 사람입니다. 이 두 사람은 겨울에 대해서 어떻게 생각할까요? 고층 빌딩에서 일하는 사람은 사무실에 난방 장치가 잘 되어 있어서 이번 겨울이 추울 것이라는 기상 예보에 별 신경을 쓰지 않고 오히려 눈이 더 많이 와서 휴가 때 아이들하고 스키장에 갈 수 있으면 좋겠다고 생각할지 모릅니다. 하지만 길거리에서 과일을 파는 사람은 겨울이 춥지 않았으면, 눈도 오지 않았으면 하고 바랄 것입니다. 왜냐하면 날씨가 추워지면 당장 장사하기도 힘들고 집안의 연탄 걱정도 커지고, 또 눈이 오면 리어카를 끌고 다니기 힘들 것이 분명하기 때문입니다.

이처럼 각자의 사회적 환경, 즉 어떤 직업을 가지고 어떤 환경 속에서 생활하느냐에 따라 동일한 사물에 대한 각자의 생각이 달라질 수 있습니다.

따라서 우리가 일상생활 속에서 느끼는 생각, 즉 감상은 각자의 생활범위에 따라 달라질 수 있습니다. 따라서 감상은 일관되지 않고 혼잡한 것입니다. 하지만 철학은 체계적입니다. 모든 사물에 보편적으로 타당한 원리를 찾아내는 것이 철학입니다. 철학은 자기의 생활범위에서 오는 제약을 뛰어넘어 세상의 모든 사물에 타당한 법칙과 원리를 찾아내고자 합니다.

위에서 철학과 감상의 차이점에 대해 이야기했습니다. 철학은 체계적이고 보편적이며, 감상은 혼잡한 것이라고 말했습니다. 그러면 철학적 생각은 혼잡한 감상과 아무런 관계가 없을까요? 그렇지 않습니다. 철학은 감상에 의존합니다. 바꿔 말하면 감상이 없으면 철학적 생각도 있을 수 없습니다. 여러 사람의 혼잡한 감상에서 일관된 하나의 체계적인 생각을 끌어낸 것이 철학적 생각입니다.

앞에서 사물의 연관성이 철학적으로 매우 중요한 생각이라는 것을 말했습니다. 이 '연관성'이라는 말의 의미에 대해서는 다음 마당에서 얘기하기로 하고, 여기서는 어떻게 해서 이러한 생각이 만들어졌는가에 대해서 이야기해 봅시다.

왜 이런 생각이 만들어졌을까요? 그것은 많은 사람이 그러한 것을 경험했기 때문입니다. 옛날부터 많은 사람이 주위의 사물이 연관되어 있는 것을 경험해 왔고, 또한 현재 살고 있는 사람들도 그러한 사물의 연관성을 보고 있기 때문입니다. 즉 수많은 사람들의 경험에 의해서 사물이 연관되어 있음을 알게 된 것입니다. 만약 한 사람 한 사람이 단편적이나마 주위의 사물이 연관되어 있다는 생각(이것은 아직 감상입니다)을 하지 않았다면 '사물은 연관되어 있다'는 일관된 생각은 만들어지지 않았을 것입니다.

이처럼 철학은 우리가 일상생활에서 느끼는 생각, 즉 감상에 의존하고 있습니다. 이것을 보더라도 철학이 일상생활과 밀접한 관련을 맺고 있음을 알 수 있습니다.

철학은 인생의 나침반

둘째 마디

이제까지 철학과 일상생활의 관계에 대해서 얘기했습니다. 철학과 일상생활이 밀접한 관련을 맺고 있다는 것, 철학적 생각은 체계적이고 보편적이며 일상생활의 감상은 혼잡하다는 것, 그러나 철학은 일상생활의 감상에 의존한다는 이야기였습니다.

그러면 이번에는 과연 철학이란 무엇인가, 철학은 우리에게 어떠한 의미가 있는가에 대해서 얘기해 보기로 합시다.

광물학은 광물에 대해서 연구하는 학문입니다. 생물학은 생물에 대해서 연구하는 학문입니다. 법학은 법에 대해서 연구하고, 경제학은 경제에 대해서 연구하고, 역사학은 역사에 대해서 연구하는 학문입니다. 이처럼 우리는 학문의 이름을 들으면 그 학문이 연구 대상으로 삼고 있는 것이 무엇인가를 대략 알 수 있습니다.

그렇다면 철학에서 연구 대상으로 삼고 있는 것은 무엇일까요? 철학이라는 말만 들어서는 철학이 다루고 있는 것이 무엇인지 쉽게 떠오르지 않습니다. 그러면 과연 철학이란 무엇을 다루는 학문일까요?

인간 역사에서 위대한 철학자를 여러 명 배출한 고대 그리스 사람들은 철학을 '필로소피아(philosophia)'라고 불렀습니다. 이 '필로소피아'라는 말은 '필로스(philos)'와 '소피아(sophia)'라는 말이 합쳐져서 만들어진 말입니다. '필로스'는 '사랑'이라는 뜻이고 '소피아'는 '지혜'라는 뜻입니다. 즉 '필로소피아'란 '지혜를 사랑한다'는 말입니다. 고대 그리스 사람들이 지혜를 사랑한다고 말할 때 그 뜻하는 바는 세계에 대한 인식을 탐구한다는 것이었습니다. 즉 철학을 한다 하면 세계에 대한 인식을 탐구한다는 뜻이었습니다. 그때부터 지금에 이르기까지 철학 하면 세계에 대한 근본 인식과 근본 태도를 가리키는 말이 되었습니다. 이때의 '세계'란 세계 지도라고 말할 때의 그것과 달리 '존재하는 모든 것'을 뜻합니다. 따라서 철학이란 존재하는 모든 것에 대한 근본 인식과 근본 태도를 가리키는 것입니다. '존재하는 모든 것' 속에는 자연도 포함되고 사회도 포함되고 인간도 포함됩니다. 그러므로 철학이란 자연과 사회와 인간에 대한 근본 인식과 근본 태도라고 할 수 있습니다.

  그런데 세계에 대한 근본 인식과 근본 태도를 다른 말로 표현하여 세계관이라고 합니다. 즉 철학은 '세계관'입니다. 세계관은 우리가 세계를 어떻게 보는가, 어떻게 생각하는가를 가리키는 말입니다.

  누군가를 처음 만나 서로에 대해 대화를 나누다 보면 상대의 세계관에 대해서도 묻게 됩니다. 그렇다면 세계관은 우리에게 어떤 의미가 있는 것일까요? 과연 어떤 의미가 있기에 우리들은 이 세계관에 대해 관심을 갖는 것일까요? 이 문제에 대해서 생각해 보기로 합시다.

주위의 사람들이 살아가는 모습을 보면 가지각색입니다. 어떤 사람은 인생이 즐거운 것이며 이 세상은 즐거움으로 가득 찬 곳이다, 우리가 살아가는 것은 즐거움을 맛보기 위해서이며 세상의 골치 아픈 일은 덮어 두는 것이 좋다고 생각합니다. 우리는 이런 사람을 향락주의자라고 부릅니다. 돈이 많고 여유가 있으며 자기 마음대로 시간을 내어 즐길 수 있는 사람 중에 이런 생각을 가진 사람이 많습니다.

또 어떤 사람은 인생이 슬프고 의미 없는 것이라고 생각합니다. 이 세상에 있는 모든 사물은 허무한 것이며 이 세상은 고통으로 가득 차 있다고 생각합니다. 그리하여 이러한 고통으로부터 해방될 수 있는 유일한 길은 죽음뿐이라고 생각합니다. 우리는 이런 사람을 염세주의자라고 부릅니다. 자기가 하고자 하는 일이 사회적으로 인정받지 못하고 실패만 거듭할 때 이렇게 생각하기 쉽습니다.

한편 인생이란 우리의 힘으로 어쩔 수 없는 것이라고 생각하는 사람도 있습니다. 그러한 사람은 인간이 미약하다고 생각하고 따라서 전지전능한 절대자만이 우리의 운명과 장래를 결정할 수 있다고 생각합니다. 또 세상에서 일어나는 모든 일이 절대자의 뜻에 의한 것이기 때문에 우리는 몸과 마음을 절대자에게 맡김으로써만 행복해질 수 있다고 생각합니다. 그리하여 스스로의 힘으로 무엇을 개척한다든지 해결하려고 생각지 않고 절대자가 해 주기만을 기원합니다. 이런 사람을 숙명론자라고 부릅니다. 우리 주위에는 이런 사람이 많습니다. 종교를 믿는 사람 중에 이런 사람이 많으며, 점을 쳐서 자기의 장래를 알아보려는 사람, 사업이 잘되라고 고사를 지내는 사람도 여기에 속한다고 할 수 있습니다.

그런가 하면 실제로 많은 사람이 자기에게 어떤 문제가 닥쳤을 때, 왜 그런 일이 일어났는가 하는 원인을 생각해 보고 그 원인을 제거함으로써 문제를 해결하려고 노력합니다. 이런 사람들을 현실주의자라고 부를 수 있을 것입니다.

이처럼 우리 주위에는 많은 사람들이 서로 다른 여러 가지 태도와 생각을 가지고 생활합니다. 그러나 모든 사람을 향락주의자, 염세주의자 등으로 명확하게 구분하여 부르기는 어렵습니다. 왜냐하면 우리들은 향락주의자, 염세주의자, 현실주의자 등의 여러 요소를 한 몸에 지니고 있는 경우가 많기 때문입니다. 그렇지만 여기서는 편의상 전형적인 향락주의자, 염세주의자, 숙명론자, 현실주의자에 대해 이야기하기로 하겠습니다. 이런 사람들에게 하나의 공통적인 문제가 생겼다고 합시다. 예를 들어 '실업'이라는 문제가 생겼다고 합시다.

향락주의자의 경우, 그는 어떻게 생각하고 어떻게 행동할까요? 그는 생활에 여유가 있으며 직업이라는 것을 하나의 유희라고 생각합니다. 따라서 직장에서 해고당한다 하더라도 생활에 전혀 지장이 없다고 생각하기 때문에 크게 실망하지 않습니다. 오히려 인생을 즐길 수 있는 시간이 더 많아졌다고 좋아할지도 모릅니다. 즉 이 사람에게는 실업이라는 것이 전혀 문제가 되지 않기 때문에 이에 대해서 진지하게 생각하지도 않을뿐더러 이것을 해결하려고 노력하지도 않습니다.

염세주의자의 경우는 어떨까요? 그는 이 세상 자체가 괴로움 덩어리라고 생각하기 때문에 실업이나 해고라는 문제도 단지 그런 괴로움 중의 하나라고 생각합니다. 따라서 해고를 당하든 안 당하든 괴로운 것은 마찬가지이며 어쨌든 빨리 죽는 것이 가장 좋다고 생각합니다. 이 사람의 경우도 실업에 대해서 진지하게 생각하지 않습니다.

숙명론자는 이렇게 말할 것입니다. "실업이란 아주 큰 문제이다. 실업 때문에 많은 사람들의 생활이 어려워지므로 실업은 해결되어야 한다. 그러나 이 세상의 모든 일은 절대자의 뜻에 따르는 것이므로 우리가 할 수 있는 일은 아무것도 없으며 우리가 할 수 있는 유일한 일은 절대자에게 기원하는 것이다." 즉 이런 사람은 실업이라는 현실의 문제를 절대자에게 맡기고 자기 자신은 아무 일도 하지 않은 채 단지 절대자에게 빌 뿐입니다.

이에 비해 현실주의자는 실업이라는 문제가 닥쳤을 때 현실적으로 생각하고 행동할 것입니다. 우선 실업이 우리에게 어떤 의미를 갖는가를 생각합니다. 두말할 것 없이 실업이란 우리에게 괴로운 일입니다. 실업을 당하면 당장 살아갈 수 없으며 가정은 파탄에 빠집니다. 따라서 현실주의자는 '실업은 해결되어야 한다'라고 전제하고, 왜 실업이라는 문제가 생기는가를 생각해서 적당한 해결 방법을 찾아 이를 해결하기 위해 노력합니다.

지금까지 예로 든 여러 가지 경우가 시사하는 점은 다음과 같습니다. 즉 그 사람이 어떤 생각을 갖느냐에 따라, 다시 말해 이 세상을 어떻게 생각하느냐에 따라 그의 행동이 달라진다는 것입니다. 이 말을 앞에서 설명한 말로 바꾸면 이렇게 말할 수 있을 것입니다. "세계관에 따라 그의 행동이 달라진다."

이처럼 세계관은 우리의 머릿속 생각에만 그치는 것이 아니라 구체적인 행동까지도 결정합니다. 따라서 다음과 같이 말할 수 있습니다. "세계관은 실천적 성격을 갖는다. 철학은 실천적 성격을 갖는다." 철학의 이러한 실천적 성격 때문에 철학을 중요하게 여기는 것입니다.

앞에서 말한 것처럼 우리는 철학의 이러한 실천적 성격 때문에 철학을 중요하게 생각합니다. 또한 철학의 실천적 성격 때문에 올바른 철학을 갖는다는 것은 우리에게 매우 중요한 일입니다. 만약에 우리가 잘못된 철학을 가진다면 우리의 행동도 잘못된 행동이 되기 때문입니다. 그러면 올바른 철학이란 어떤 철학일까요? 이번에는 이 문제에 대해서 생각해 봅시다.

철학에 대해서 깊이 생각해 본 사람이나 철학자만이 세계관을 가지는 것이 아니라 보통의 평범한 사람도 자기의 경험에서 우러나온 나름의 세계관을 가지고 있습니다. 우리는 주위에서 흔히 "이 세상에서 돈이 최고다"라는 말을 듣습니다. 이렇게 말하는 사람은 아마도 돈 때문에 어려운 일을 겪었거나 반대로 행복했던 경험을 가지고 있을 것입니다. 세계관 중에는 이처럼 자기가 겪은 경험 속에서 우러나온 것도 있습니다. 우리는 이러한 세계관을 상식적 세계관이라고 부릅니다.

그러면 상식적 세계관이란 어떤 성격의 세계관일까요? 상식적 세계관은 한 개인 혹은 몇 사람의 경험에서 우러나온 것이기 때문에 체계적이지 못합니다. 또한 충분히 생각하고 반성된 것이 아닙니다. 그렇기 때문에 이에 따라 살다 보면 동일한 사람이 서로 상반된 행동을 하는 경우조차 있습니다. 예를 들면 자수성가하여 고생스럽게 재산을 모은 사람이 해마다 사업이 잘되라고 고사를 지내는 경우가 있습니다. 이 사람의 경우 스스로의 힘으로 돈을 모았고 돈을 더 모으려면 더 노력해야 한다는 것을 잘 알면서도, 한편으로 귀신의 힘을 빌리기 위해서 고사를 지내는 것입니다. 이는 서로 반대되는 행동입니다. 이처럼 상식적 세계관은 체계적이지 못하고 심지어 어떤 경우에는 반대되는 행동을 하게 만들기도 합니다.

철학은 어떻게 보면 우리에게 나침반과 같은 구실을 합니다. 우리가 잘 아는 지역을 간다거나 나지막한 산에 가는 경우, 또는 조그만 호수에서 배를 타는 경우에는 나침반이 없어도 됩니다. 하지만 전혀 모르는 지역, 아주 높고 험한 산, 또는 넓은 바다로 나가는 경우에는 나침반이 반

드시 필요합니다. 그런데 나침반 자석의 N극이 어떤 때는 남쪽을 가리키다가 어떤 때는 동쪽을 가리키고 또 어떤 때는 북쪽을 가리킨다면 어떻게 되겠습니까? 그러한 나침반은 있어 봤자 아무 소용이 없습니다. 자석의 N극이 항상 북쪽을 가리키고 S극은 항상 남쪽을 가리킬 때 나침반은 비로소 그 효력을 나타냅니다.

따라서 우리가 올바른 삶을 살기 위해서는 상식적 세계관만으로는 부족합니다. 왜냐하면 상식적 세계관은 체계적이지 못하기 때문입니다. 자기가 지금 생활하고 있는 공간에서 죽을 때까지 산다면 별 문제 없겠지만 새로운 곳에서 생활한다거나 미지의 세계로 나아갈 때, 또는 일관된 생활을 하고자 할 때는 상식적 세계관으로는 충분치 못합니다. 그러므로 체계적 세계관이 필요한 것입니다.

그러면 체계적 세계관이면 무엇이나 다 좋을까요? 그렇지 않습니다. 철학은 인간의 이성을 그 유일한 수단으로 합니다. 가끔 사회적 물의를 일으키는 사이비 종교의 경우도 교의라는 형태로 체계적인 골격을 가지고 있지만, 이는 인간의 이성을 기초로 한 것이 아닙니다. 철학은 인간의 이성을 기초로 한 것이며, 우리가 가져야 할 올바른 철학은 체계적이고 이성적인 세계관입니다.

둘째 마당

모든 것은 관련되어 있다

청학에게

둘째 임마 우리는 곧 만날 수 있어리라

늘대는 늘대,
멧돼지는 멧돼지인가

첫째
마디

텔레비전 프로그램 중에 동물의 생태를 소개하는 것이 있습니다. 이 프로그램을 보면 아프리카 밀림에 살고 있는 동물에서부터 시베리아의 추운 지방에 살고 있는 동물에 이르기까지 세계 각지에 있는 여러 동물이 나옵니다. 그 중에는 풀을 뜯어먹고 사는 초식 동물도 있고 다른 동물을 잡아먹고 사는 육식 동물도 있습니다. 그런데 사나운 육식 동물, 이를테면 사자가 순하디순한 사슴 같은 동물을 잡아먹는 장면을 보면 언뜻 이런 생각이 들곤 합니다. 만약 사자나 표범, 호랑이 같은 육식 동물이 없다면 저 약한 동물들이 평화롭게 살 수 있을 텐데 하는. 약한 동물의 팔다리가 뜯기는 끔찍한 장면을 보면 아마 대부분의 사람들이 그런 생각을 할 것입니다. 그렇다면 사자나 호랑이, 표범 같은 육식 동물이 없어지면 과연 어떤 일이 벌어질까요? 이 문제에 대한 답을 얻기 위해서 먼저 다음 이야기를 읽고 생각해 봅시다.

  한 농촌 지역이 있었습니다. 이 지역에서는 주민들이 주로 밭농사를 지어서 생활했습니다. 그런데 이 지역 주위에는 산이 많아 산짐승도 많았습니다. 특히 멧돼지와 늑대가 많았습니다. 그 중에서 늑대가 밤이면 마을 주변에 자주 나타났기 때문에 주민들은 어두워지면 외출을 삼가고 꼭 외출해야 하는 경우에는 여럿이 무리 지어 다니곤 했습니다. 해만 지면 문을 걸어 잠그고 외출하지 못했기 때문에 여간 불편한 것이 아니었습니다. 참다 못한 마을의 남자들이 총을 구입해서 산으로 올라갔습니다. 보이는 늑대마다 총으로 쏘아 죽였습니다. 며칠 동안 이렇게 하자 많은 늑대들이 잡혔고 간신히 살아남은 늑대들은 다른 곳으로 도망갔습니다. 그리하여 지역 주민들은 이제 밤에도 외출할 수 있게 되었습니다. 마을 주민들이 모두 기뻐했습니다.

그런데 얼마 후 이상한 일이 벌어졌습니다. 아침에 일어나면 밭이 파헤쳐져 있고 심어 놓은 농작물이 없어지는 것이었습니다. 처음에는 누군가의 장난이려니 생각했지만 하루이틀 일도 아니고, 또한 한 집만 그런 것이 아니라 대부분의 집이 그러했습니다. 지역 주민들은 곧 누가 이런 짓을 하는지 알게 되었습니다. 밭을 파헤치고 농작물을 먹어 치운 것은 다른 사람의 장난이 아니라 산에서 내려온 멧돼지의 짓이었던 것입니다. 마을 사람들이 늑대를 잡거나 쫓아 버리자 멧돼지가 급격히 늘어났습니다. 왜냐하면 멧돼지를 잡아먹고 살던 늑대가 없어졌기 때문입니다. 멧돼지 수가 마구 늘어나자 멧돼지들은 먹을 것이 부족했습니다. 전처럼 산에서 나는 것들만으로는 먹고 살 수가 없게 된 것이지요. 그리하여 멧돼지들이 마을에 내려와 농작물을 파 먹느라 밭을 파헤쳐 놓았던

것입니다. 늑대는 사람들에게 불편을 주었지만, 한편으로 멧돼지를 잡아먹음으로써 농가의 농작물을 보호하는 역할도 했습니다. 그런데 마을 사람들은 인간과 늑대의 관계만을 생각했지, 늑대와 멧돼지, 멧돼지와 인간의 관계는 생각하지 못했던 것입니다.

본래의 얘기로 돌아가서 만약 육식 동물이 없어진다면 어떤 상황이 벌어질까요? 만약 그렇게 된다면 초식 동물의 수가 급격히 늘어나서 밀림에 있는 풀이나 나무가 모조리 사라지고 결국 산림이 황폐해질 것입니다. 많은 초식 동물이 그것들을 뜯어먹기 때문이죠. 그래도 먹을 것이 부족하면 많은 동물이 굶어 죽을 것입니다. 또 한편으로 산림이 황폐해지면 나무가 인간에게 제공하던 산소가 부족해져서 인간도 생활할 수 없게 될 것입니다.

이와 같이 우리가 육식 동물이 초식 동물을 잡아먹는 끔찍한 장면만 보고 육식 동물이 없어졌으면 하고 바라는 것은 어떻게 보면 잘못된 생각이라고 할 수 있습니다.

우리가 텔레비전에서 보는 동물들은 이처럼 서로 밀접한 관련°을 맺고 상호 작용하면서 살아갑니다. 인간 또한 이러한 동물들과 밀접한 관련을 맺고 상호 작용하면서 생활하고 있습니다. 만약 이런 관련을 무시하고 사물을 바라본다면 우리는 앞에서 예로 든 지역 주민들처럼 큰 재난을 맞게 될 것입니다.

육체와 정신의 경우를 생각해 봅시다. 종교는 흔히 육체와 정신을 분리해서 봅니다. 육체는 탐욕스러운 것으로 죄악으로 가득한 현실 세계에 속하며, 정신은 선만이 가득한 천국의 세계로 향하는 것이라고 생각합니다. 이 견해에 따르면 육체와 정신은 서로 대립되고 분리되어 있는 것이 됩니다. 그러나 만약 우리의 뇌가 존재하지 않는다면 정신도 존재할 수 없을 것입니다. 뇌는 신체, 즉 육체의 일부분입니다. 육체가 있음으로 해서 비로소 정신도 존재할 수 있는 것입니다.

이처럼 육체와 정신은 밀접한 연관을 가지고 있습니다. 따라서 우리가 심리학(인간의 정신활동을 연구하는 학문)을 공부하고자 한다면 생리학(신체 기능을 연구하는 학문)을 도외시할 수 없습니다. 또한 생리학을 공부하는 경우에도 생물학(생물 일반에 관한 학문)과 밀접한 연관을 맺고 있기 때문에 생물학을 무시할 수 없습니다. 그러나 생명이라는 것은 생명체 내에서 이루어지는 여러 가지 물질의 화학 반응을 무시하고서는 이해할 수 없는 것이므로 화학과도 관련성을 갖습니다. 화학은 분자[**]의 결합과 분해라는 문제를 다루는데, 분자는 원자[***]로 구성되어 있기 때문에 원자를 연구하는 물리학과도 관련을 갖습니다. 또 물리학이 연구하는 여러 가지 요소의 기원을 탐구하다 보면 그 요소의 생성을 연구하는 지구과학, 또 지구가 그 일부분을 이루고 있는 태양계의 연구(천문학) 등과도 관련을 갖게 됩니다. 이처럼 여러 가지 과학은 서로 관련성을 가지고 있습니다.

[*] **관련**
관련, 연관, 관계라는 말은 모두 같은 의미다. 따라서 관련이라는 말 대신 연관, 관계라는 말을 써도 관계없다.

[**] **분자**
분자란 물질의 화학적 성질을 가지는 최소 단위를 말한다. 따라서 물이란 물 분자의 모임이고 산소는 산소 분자의 모임이다. 만약 물질을 분자보다 더 작게 나눈다면 그렇게 나뉜 것은 그 물질의 화학적 성질을 나타내지 않게 된다.

[***] **원자**
물질의 기본적인 구성 요소를 말하며, 원자핵과 그 둘레를 도는 전자로 구성되어 있다.

이제 사회에 대해서 생각해 봅시다. 사회에는 여러 가지 일을 하는 사람들이 함께 생활하고 있습니다. 정치가, 노동자, 학생, 농민, 광부, 어부, 기업주 등이 있으며, 이 사람들이 이루 헤아릴 수 없는 여러 가지 직종의 일을 하면서 살아갑니다.

그런데 이 모든 사람들은 각자 외따로 떨어져서 혼자 사는 것이 아니라 다른 사람과 관계를 맺으며 서로 영향을 주고받으면서 생활합니다. 정치가는 국민의 여론을 반영하여 정치를 해야 하고 그러기 위해서 국민들의 생각이나 생활을 잘 알아야 합니다. 국민들로부터 분리된 정치는 결국 국민들에게 외면당하기 때문입니다. 노동자가 만들어 낸 생산물은 상품으로서 모든 사람에게 제공됩니다. 만약 섬유공장의 노동자가 옷을 만들어 내지 않는다면 많은 사람들이 옷을 입을 수 없을 것입니다. 농민이 쌀을 생산해 내지 않는다면 당장 먹을 것이 떨어져서 많은 사람들이 배고픔을 겪을 것입니다.

이처럼 사회를 구성하고 있는 많은 사람들은 서로 밀접한 연관을 가지고 상호 작용하면서 생활하고 있습니다. 돈만 있으면 무엇이든지 살 수 있다고 생각할지 모르지만 사회의 각 분야에서 일하는 많은 사람들의 직업의식 없이는 생활할 수 없는 것입니다.

지금까지의 예로 알 수 있는 것처럼 세계에 존재하는 모든 사물은 상호 관련을 맺고 상호 작용하면서 존재합니다. 만약 이런 관련성을 무시한다면 우리는 자연이나 인간, 사회에 대해서 올바르게 인식할 수 없습니다.

자연과학의 역사를 살펴보면 이러한 사물의 관련성을 인식함으로써 위대한 발견을 한 경우가 많습니다. 예를 들어 유명한 토리첼리의 실험을 봅시다. 수은을 넣은 유리관을 거꾸로 하여 마찬가지로 수은이 담긴 그릇에 세워 놓으면, 관 속의 수은이 아래로 내려가다가 그릇의 수은 면보다 높은 일정한 곳에서 멈춥니다. 이러한 현상을 주위의 조건과 분리해서 생각하면 이해하기 어렵습니다. 관이 세워져 있는 그릇의 수은 표면이 주위의 조건과 분리되어 고립적으로 존재하는 것이 아니라 대기와 접하고 있다는 점에 주목하여 관 속에서 일어나는 현상과 주위 조건의 관련성을 생각하면, 그릇에 있는 수은의 표면에 대기의 압력(기압)이 가해지기 때문에 관 속의 수은이 어느 일정한 높이에서 멈추어 그 밑으로 내려가지 않는다는 것을 이해할 수 있습니다. 토리첼리는 이처럼 주위 조건과 수은 관 현상의 관련성을 인식함으로써 대기에 압력이 있다는 사실을 발견한 것입니다.

이처럼 세계에 존재하는 모든 사물들이 맺고 있는 관련성을 무시한다면 우리는 올바르게 인식할 수 없습니다.

그런데 이런 관련성을 무시하고 이에 대해 반대하는 견해가 있습니다. 이 견해에 따르면, 세계에 존재하는 모든 사물이 각각 고립적으로 분리되어 존재한다는 것입니다. '늑대는 늑대, 멧돼지는 멧돼지'이며, 이들은 서로 아무런 관련이 없다는 식의 주장이지요. 그들은 한 예로 '스포츠는 스포츠, 정치는 정치'라고 주장합니다. 스포츠와 정치는 아무

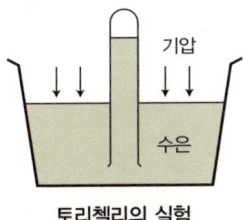

토리첼리의 실험

런 관련이 없다는 것이지요.

그렇다면 현실적으로 스포츠와 정치가 아무런 관련이 없을까요? 사실 스포츠와 정치는 다른 것입니다. 분명히 서로 차이가 있고 그 성질이 다르기 때문에 '스포츠는 스포츠, 정치는 정치'라고 말하는 것은 어떤 의미에서는 올바릅니다. 하지만 스포츠와 정치가 전혀 관계가 없고 따라서 서로 완전히 독립된 것이라고 주장한다면 그것은 잘못된 주장입니다.

만약 국가의 재정이 넉넉지 못하여 운동장 시설이나 수영장 같은 것을 건설할 수 없다면 스포츠는 발전할 수 없을 것입니다. 이렇듯 스포츠와 정치는 전혀 관계없는 것이 아니라 상호 관련을 맺고 상호 작용합니다. 그러므로 '스포츠는 스포츠, 정치는 정치'라는 식으로 양자의 관련성을 무시하는 견해는 현실을 무시한 견해로서 올바른 견해일 수 없습니다.

마찬가지로 노동자, 농민, 학생, 상인 등 사회 각계각층의 사람들은 정치와 깊은 연관을 맺고 있습니다. 미국 제16대 대통령 링컨은 유명한 게티즈버그 연설에서 민주주의를 '국민의, 국민에 의한, 국민을 위한 정치'라고 정의하였는데, 이는 사회 전 구성원의 자발적인 참여 없이는 민주주의가 실현될 수 없음을 뜻하는 것이고, 정치가 사회를 이루는 각 구성원의 삶과 밀접한 연관을 맺고 있음을 말해 줍니다.

그런데 이런 사실을 무시하고 '노동자는 노동자, 농민은 농민, 학생은 학생, 정치는 정치'라고 주장하는 견해도 있습니다. 말하자면 각자 맡은 일이나 열심히 하고 정치에는 신경 쓰지 말라는 이야기입니다. 노동자는 공장에서 열심히 물건이나 만들어 내고, 농민은 땅이나 파고, 학생은 공부나 하고, 그러면 정치는 정치가가 알아서 다 해 준다는 식의 논리입니다. 사실 이런 식의 주장은 먼 옛날부터 지금까지 꽤 널리 퍼져 있습니다.

고대 그리스의 철학자 플라톤은 〈국가〉에서 인간을 이성적 인간, 기력적 인간, 정욕적 인간의 세 부류로 나누고 이성적 인간 집단이 정치를, 기력적 인간 집단이 국가 방위를, 정욕적 인간 집단이 생산을 담당하는 것이 이상 국가이며, 이성적 인간 집단의 덕목은 지혜, 기력적 인간 집단의 덕목은 용기, 정욕적 인간 집단의 덕목은 절제라고 주장했습니다. 사실 플라톤이 살고 있던 고대 그리스 사회는 노예제 국가로서 노예를 소유한 계급인 귀족과 무사, 평민, 노예라는 신분적 계급 관계로 이루어져 있었고 그 중 정치권력을 장악한 귀족이 평민과 노예를 지배·억압·착취하고 있었는데, 플라톤은 그 자신이 귀족으로서 그리스 귀족 계급의 이익을 대변하고 있었던 것입니다. 결국 플라톤은 귀족 계급의 지배와 권력을 유지시켜 주는 노예제 국가를 영원히 지속시키고자 '이상 국가론'이라는 주장을 펼쳤던 것입니다.

우리는 고대 중국의 공자에게서도 이와 비슷한 주장을 보게 됩니다. 공자는 명분(名分)을 내세워 군주와 신하, 백성이 각각의 본분을 지켜야 하며 그렇지 않으면 천하가 어지러워진다고 주장했습니다.

플라톤과 공자의 주장을 오늘날에 적용해 보면, 생산을 담당하는 노동자와 민중은 생산에 힘쓸 것이며 정치는 정치가가 알아서 잘할 것이니 관심 갖지 말라는 것과 다름없습니다. 그러나 이것은 앞에서 말했듯이 틀린 이야기입니다. 사실 노동자와 정치는 밀접하게 연관되어 있습니다.

다음 이야기는 1945년 2차 대전 당시 일본의 나가사키에 투하된 원자 폭탄을 제조하는 데 참가했던 미국의 과학자 존 힐튼의 말입니다. 이 이야기는 과학이 사회와 인간과 얼마나 밀접한 관련을 맺고 있는가에 대해 우리들에게 가르쳐 주는 바가 많습니다.

나는 나가사키에 투하된 원자 폭탄을 제조하는 데 직접 참가한 사람입니다. 지금은 깊이 반성하고 있습니다. 그리고 놀랄 만한 파괴력으로 수많은 사람의 목숨을 앗아가 버린 끔찍한 폭탄을 제조하는 일에 내가 참가한 것을 부끄럽게 생각하고 있습니다. 어떻게 내가 원자 폭탄 제조하는 일을 맡게 되었는가 하는 문제를 생각해 보면, 그것은 내가 '과학을 위한 과학'이라는 잘못된 철학을 믿고 있었기 때문입니다. 이 철학은 근대 과학의 독소입니다. 나는 과학을 사회생활이나 인간으로부터 분리하여 생각했기 때문에 전쟁 중에 원자 폭탄의 제조에 참가했던 것입니다. 우리 과학자는 '순수 과학'에 헌신해야만 한다, 그 나머지는 기술자나 정치가의 일이다라고 생각했던 것입니다. 과학은 인류의 이익에 도움이 될 때에만 의미가 있는 것이라는 사실을 깨닫기 위해서 나에게는 히로시마와 나가사키의 수많은 사람의 죽음이 필요했던 것입니다.

원자력을 평화적으로 이용하면 인류에게 커다란 이익이 돌아옵니다. 원자력 발전소라든가 원자력을 이용한 질병 치료 같은 것이 그 좋은 예입니다. 하지만 원자력을 이용해서 만든 폭탄은 지구상에 있는 그 어떤 무기보다 훨씬 큰 파괴력으로 수많은 사람의 목숨을 앗아갑니다. 만약 지구상에 현존하는 핵폭탄이 일시에 터진다면 지구상에 존재하는 모든 생물이 없어질 것입니다. 풀 한 포기 살아남지 못할 것입니다.

존 힐튼은 원자 폭탄의 제조에 자신이 참가하게 된 동기가 '순수 과학'이라는 미명 아래 과학을 사회나 인간으로부터 분리하여 생각했기 때문이라고 말하고 있습니다. 이처럼 과학의 의미도 사회나 인간과의 관련성 속에서 파악해야 하는 것입니다.

지금까지 말한 바와 같이 모든 사물은 상호 관련을 맺고 상호 작용합니다. 만약 이 관련성을 무시한다면 우리는 올바르게 인식할 수 없으며 나아가 현실에 대하여 잘못된 태도와 행동 양식을 갖게 될 것입니다.

바람이 불면
통 장수가 돈을 번다

우리 생활이 어떻게 이루어지고 있는가를 한번 살펴봅시다. 우선 생활이 이루어지기 위해서는 먹을 음식이 있어야 하고, 입을 옷이 있어야 하고, 살 집이 있어야 합니다. 보통 이것을 의식주(衣食住)라 말하지요.

그런데 우리가 먹는 음식은 어디에서 누가 만들까요? 그야 물론 농촌에서 농부들이 땀 흘려 생산해 냅니다. 농부들이 봄부터 가을까지 농사지은 곡식을 가져다가 우리가 먹는 것입니다. 우리가 먹는 음식물 중에는 외국에서 생산된 것도 있는데 이것은 외국의 농부들이 생산한 것입니다. 우리가 입는 옷은 봉제 공장에서 일하는 노동자가 생산해 냅니다. 봉제 공장 노동자가 생산해 낸 옷의 일부는 우리나라 국민이 입고 일부는 외국에 수출합니다. 우리나라에서 생산된 옷이 미국이나 유럽, 아프리카, 남아메리카 등 세계 곳곳으로 수출되어 그곳에 사는 사람들이 입기도 하는 것입니다. 우리가 살고 있는 집은 건설 노동자가 만들어 냅니다. 또 이때 부족한 재료는 외국에서 수입하기도 합니다. 호화 저택의 대리석 같은 것이 그 좋은 예입니다.

이처럼 우리 생활을 돌아보면 우리가 많은 사람들과 관계를 맺으면서 생활하고 있다는 것을 알 수 있습니다. 앞에서 말한 것만 보더라도 농촌의 농부, 봉제 공장 노동자, 건설 노동자, 외국의 농부 등과 관계를 맺으면서 생활하고 있는 것입니다. 간단하게 말해서 그렇지 만약 자세히 살펴본다면, 우리가 이 세계의 모든 사람과 깊은 관계를 맺으면서 생활하고 있음을 알 수 있습니다.

이것은 정신적인 면에 대해서 살펴보더라도 마찬가지입니다. 우리가 마음의 양식이라고 해서 읽는 책은 학자나 저술가 들이 쓴 것입니다. 그런데 그 학자나 저술가는 오로지 자신의 독창적인 머리로만, 다른 사람의 영향은 받지 않은 채 그 글을 썼을까요? 그렇지 않습니다. 그들은 지금까지 축적된 선조들의 문화적 유산이나 같은 시대에 살고 있는 다른 사람의 사상, 학문적 업적, 또는 외국 문화의 영향을 받으면서 그 글을 쓴 것입니다. 따라서 우리가 책을 읽는 것은 그 책을 쓴 저자하고만이 아니라 그 뒤에 숨어 있는 많은 사람들과도 대화하는 것이라고 생각할 수 있습니다.

자연에 대해서도 마찬가지입니다. 해는 우리에게 밝은 햇빛을 줍니다. 또한 햇빛을 받아 식물이 자람으로써 우리는 먹을거리를 거둘 수 있습니다. 바다는 우리에게 많은 해산물을 주고 편리한 항로를 제공합니다. 산은 나무나 석탄 같은 연료를 주고, 나무는 대기에 있는 이산화탄소를 받아들이고 산소를 배출함으로써 공기를 맑게 해 줍니다.

지금까지 말한 것처럼 우리는 사회적 · 정신적 · 자연적으로 끊임없이 관계를 맺으면서 생활하고 있습니다. 즉 우리는 사회적 · 정신적 · 자연적으로 외계의 사물과 관계를 맺으면서 생활하고 있는 것입니다. 이런 의미에서 "모든 사물은 상호 관련을 맺고 있다"는 주장은 옳습니다. 이 세상에 존재하는 모든 사물은 그 자체로서 독립하여 홀로 존재하는 것이 아니라 외계 사물과 관계를 맺으면서 존재합니다.

그러나 관련성만을 강조하면 단편적인 사고방식에 빠져 버립니다. 예를 들어 봅시다.

일본 속담에 다음과 같은 것이 있습니다. "바람이 불면 통 장수가 돈을 번다." 언뜻 이해가 안 되는 말입니다. 그러면 어떻게 해서 이 말이 나왔는지 살펴봅시다. 바람이 분다 → 모래가 날린다 → 모래가 사람의 눈에 들어간다 → 장님이 많아진다 → 장님이 샤미센(일본의 악기로 고양이 가죽으로 만듦)을 연주해서 돈을 벌어 생활한다 → 샤미센에 쓰이는 고양이 가죽이 많이 필요해진다 → 고양이 수가 줄어든다 → 쥐가 늘어난다 → 쥐가 통을 갉아먹는다 → 통 주문이 늘어난다 → 통 장수가 돈을 번다. 이 논리에 따라 "바람이 불면 통 장수가 돈을 번다"라는 말이 나온 것입니다. 그러면 과연 이 말이 우리의 현실 경험에 합치할까요? 이 말을 곰곰이 따져 보면 어딘가 이상하다고 느껴집니다. 우리의 구체적인 경험과 합치하지 않기 때문입니다. 논리는 그럴듯한데 막상 우리의 현실 경험과 비교해 보면 석연치 않습니다.

왜 그런지에 대해 생각해 봅시다. 바람이 불면 모래가 날리는 것은 사실입니다. 영화에서 사막에 돌풍이 일어 모래 기둥이 생기는 것을 본 적이 있을 것입니다. 그런데 도시의 포장된 도로에서도 바람이 불면 모래가 날릴까요? 약간 날릴 수는 있겠지만 깨끗한 도로라면 모래가 거의 날리지 않을 것입니다. 따라서 도시에 산다면 바람이 분다고 꼭 장님이 되지는 않습니다. 설령 모래가 많이 날리는 곳에 산다고 하더라도 안대를 한다든지 모래 바람을 피한다든지 해서 장님이 되는 것을 방지할 수 있습니다. 또한 바람이 불면 모래가 날려 장님이 된다는 논리가 성립한다면 사막에 사는 사람은 모두 장님일 것입니다. 분명히 바람이 불면 모래가 날리고 그 모래가 사람 눈에 들어가면 장님이 될 수도 있습니다. 그러나 반드시 그런 것은 아닙니다. 설령 모래가 눈에 들어갔다 하더라도 치료를 받으면 장님이 되지 않을 수 있습니다.

여기서 생각할 수 있는 것은 다음과 같습니다. 즉 바람이 불면 모래가 날리는 것과 장님이 되는 것은 한편으로는 관계를 가지면서도 다른 한편으로는 관계를 가지지 않는다는 것입니다. 쉽게 얘기하면, 바람이 불어 모래가 날리면 장님이 될 수도 있고 안 될 수도 있는 것입니다.

이 관계는 다음의 논리에 대해서도 마찬가지입니다. 즉 장님이 되면 샤미센을 연주해 생활한다는 논리입니다. 실제로 거리에서 기타나 하모니카를 연주해서 생활하는 장님들을 볼 수 있습니다. 그러나 모든 장님이 이런 방식으로 생활하지는 않습니다. 그들 중에는 앞을 보지 못하는 장애를 극복하고 정상적인 시력을 갖춘 사람과 똑같이, 아니 더 훌륭하게 사회에서 한자리를 차지하고 살아가는 사람도 있습니다. 따라서 우리는 다음과 같이 말할 수 있습니다. 장님은 샤미센을 연주해서 생활할 수도 있지만 그렇지 않을 수도 있다, 장님과 샤미센은 한편으로는 관계를 가지면서 다른 한편으로는 관계를 가지고 있지 않다고.

다음으로 샤미센과 고양이 가죽의 관계도 마찬가지입니다. 만약 샤미센을 만들기 위해 가죽이 많이 필요하게 되면 고양이 가죽으로 만든 샤미센뿐만 아니라 개의 가죽, 쇠가죽 등으로 만든 샤미센도 생길 수 있습니다. 또한 고양이 가죽만이 필요하다면 이에 따라 고양이를 기르는 사람이 많아질 것이므로 반드시 고양이가 줄어들어 쥐가 늘어난다고 말할 수 없습니다. 그리고 또 통 장수가 반드시 돈을 번다고 말할 수도 없습니다. 왜냐하면 설령 고양이가 줄어 쥐가 늘고 쥐가 통을 갉아먹어 새 통이 필요하게 된다 하더라도 통에는 나무로 만든 통만 있는 것이 아니라 쇠로 만든 통도 있고 플라스틱으로 만든 통도 있으므로 반드시 통 장수가 돈을 번다고는 말할 수 없기 때문입니다.

앞에서 한 이야기로 미루어 볼 때 "바람이 불면 통 장수가 돈을 번다"라는 말이 현실과 반드시 일치하지는 않는다는 것을 알 수 있습니다. 그러면 이렇게 말한 사람은 어떤 점을 이해하지 못했기 때문에 이런 말을 했을까요? 그것은 사물의 관련성만을 보고 관련되지 않은 부분은 보지 못했기 때문입니다. 즉 바람이 일으킨 모래와 장님의 관계에서 현실적으로 바람이 불어 모래가 날리면 장님이 될 수도 있고 안 될 수도 있는데 장님이 되는 경우만을 강조한 것입니다. 또한 장님과 샤미센의 관계에서도 장님이 되면 거리에서 샤미센을 연주해서 생활할 수도 있고 다른 방법으로 살 수도 있는데 샤미센을 연주해 생활하는 것만을 강조한 것입니다. 샤미센과 고양이, 고양이와 쥐, 쥐와 통 장수의 경우에도 이 점은 마찬가지입니다. 즉 사물이 관계되어 있는 부분만을 보고 관계되어 있지 않은 부분은 보지 않은 것입니다.

따라서 사물이 관계하고 있음과 동시에 관계하고 있지 않음을 이해하는 것은 매우 중요합니다. 사물의 관계된 부분만 강조하면 "바람이 불면 통 장수가 돈을 번다"라는 식의 현실에 맞지 않는 말을 하는 것입니다.

앞에서 사물은 관계하고 있음과 동시에 관계하고 있지 않다고 말했습니다. 이것을 철학적으로는 '상대적 독립'이라고 말합니다. 절대적 독립이라 한다면 아무 관계 없이 독립해서 존재하는 것을 말하지만, 상대적 독립은 한편으로는 관계하면서도 다른 한편으로는 관계하지 않으며 존재하는 것을 말합니다. 그러면 이에 대해 구체적인 예를 들어 가면서 이야기해 봅시다.

은으로 만든 조그만 공 모양의 덩어리가 있다고 합시다. 이 공 모양의 덩어리에 압력을 가하면 얇은 은박지가 됩니다. 이때 은의 체적은 변하지 않지만 표면적은 변합니다. 이 경우 체적과 표면적은 서로 분리할 수 없지만, 한쪽이 다른 쪽에 관계없이 일정한 한계 내에서 변화할 수 있습니다. 즉 체적과 표면적은 한편으로는 관계하면서도 다른 한편으로는 관계하지 않는 것입니다. 따라서 체적과 표면적은 상대적 독립 하에 존재한다고 말할 수 있습니다.

사람이 일생을 통해서 한 명의 같은 사람이라는 점에는 틀림이 없습니다. 그렇기 때문에 우리는 어떤 사람의 이름을 들으면 "아! 그 사람!" 하고 말하게 되고, 또 그 사람을 언제 어느 때 만나더라도 예전 그 사람의 이름을 부릅니다. 하지만 그 사람은 시간이 흐르면서 아이에서 청년으로, 청년에서 장년으로, 장년에서 노인으로 변합니다. 이에 따라 그가 입는 옷의 크기도 달라지고 하는 일도 달라집니다. 다시 말해 그 사람의 모습은 변합니다. 그렇다고 해도 우리는 그 사람을 옛날의 그와 다른 사람이라고 말하지 않습니다. 옛날이나 지금이나 같은 사람이지만 그 겉모습이나 하는 일이 변한 것뿐입니다. 즉 사람의 본질*적인 면과 현상*적인 면은 상대적 독립 하에 존재하는 것입니다.

다음 그림을 봅시다.

A 그림은 누가 보더라도 도둑이 경찰에게 끌려가는 모습입니다. 그렇다면 B 그림은 어떤 그림일까요? 언뜻 보면 도둑이 경찰을 잡아 끌고 가는 모습으로 보입니다. 하지만 이 그림은 가짜 경찰이 사복 경찰에게 끌려가는 모습입니다. A 그림과 B 그림은 내용적으로는 같지만 외관으로는 거꾸로 되어 있습니다. 즉 본질은 같은데 현상은 거꾸로 되어 있습니

* **본질과 현상**
현상이란 사물의 외적인 조건에 따라 나타나는 일시적이고 표면적인 모습이고, 본질이란 현상의 배후에서 현상을 규정하는 동일적인 것을 가리키는 개념이다.

A   B

다. 따라서 이 경우에도 우리는 다음과 같이 말할 수 있습니다. "본질과 현상은 상대적 독립 하에 존재한다."

예를 하나만 더 들어 봅시다. 책상 위에 죽은 친구의 사진이 걸려 있다고 합시다. 인물 사진이라는 것은 현실적으로 찍히는 인간이 없으면 존재할 수 없습니다. 죽은 친구의 사진은 카메라 앞에 섰던 친구와 관계되어 있습니다. 그러나 사진이 찍힌 뒤 그 친구의 모습이 바뀐다든지 혹은 이 세상에서 사라져 버릴지라도 그것에 관계없이 그 사진은 존재합니다. 이런 의미에서는 그 친구와 사진은 서로 관계하고 있지 않습니다. 따라서 그 친구와 사진은 관계하고 있음과 동시에 관계하고 있지 않다고 할 수 있습니다. 이런 경우에도 친구와 사진은 상대적 독립 하에 존재한다고 합니다.

앞에서 몇 가지 경우의 예를 들었지만 사실 모든 사물은 상대적 독립 하에 존재합니다. 상대적 독립이란 서로 분리하는 것이 불가능한데도 한쪽이 다른 쪽과 관계없이 일정한 한계 내에서 변화할 수 있는 관계를 말하며, 모든 사물은 이러한 상대적 독립 하에 존재합니다.

이런 상대적 독립은 인간의 정신구조에서도 나타납니다. 우리 주위에는 각각의 문제를 대할 때 서로 다른 태도로 임하는 사람들이 있습니다. 예를 들어 회사 동료라든지 친구들을 대할 때는 매우 민주적인 사람이 여성 문제에 대해서는 봉건적인 생각을 갖고 있는 경우를 흔히 볼 수 있습니다. 또한 돈을 벌기 위해서는 수단과 방법을 가리지 않고 모든 사람에게 인색하게 구는 사람이 자기 자녀에게는 정반대로 아주 인정 많은 아버지인 경우도 있습니다. 실험실에서는 아주 과학적인 태도로 사물을 분석하고 실험하고 관찰하는 사람이 실험실만 나오면 비과학적인 사고와 행동을 하는 경우도 있습니다. 이처럼 인간의 정신구조도 상대적 독립의 예외일 수 없습니다. 그러므로 인간의 의식도 상대적 독립 하에 존재하는 것입니다.

그러면 인간의 정신구조와 의식이 상대적 독립 하에 존재한다는 말은 무슨 뜻일까요? 그것은 인간의 정신구조가 매우 다면적이며 정신구조의 각 부분이 불균형하게 발전한다는 뜻입니다. 그리하여 심지어는 한 인간의 의식 속에 서로 용납될 수 없는 두 가지 사고방식이 함께 자리잡고 있는 경우조차 있습니다. 이성적으로는 민주주의를 지지하면서 도덕적 관념은 봉건적이고 개인의 출세라는 이기주의적 목적의식에 사로잡혀 있는 사람이 있을 수 있습니다. 인간의 의식이 상대적 독립 하에 있음을 이해하는 것은 매우 중요합니다. 왜냐하면 정신구조의 어떤 부분에 문제가 있는가를 알고 그 부분에 정신적인 자극을 줌으로써 전체적으로 정신혁명을 일으킬 수 있기 때문입니다.

모든 사물은 관련을 맺고 있는 동시에 상대적 독립 하에 존재합니다. 즉 관계하고 있음과 동시에 관계하고 있지 않으며 그것을 분리하는 것은 불가능하지만, 한쪽은 다른 쪽에 관계없이 일정한 한계 내에서 변화할 수 있는 것입니다. 만약 우리가 이러한 상대적 독립을 무시하면 일면적 사고방식에 빠져 사물을 올바르게 인식할 수 없고, 따라서 올바르게 행동할 수 없습니다.

이제까지 살펴본 바와 같이 모든 사물은 상호 관련을 맺고 상호 작용을 합니다. 따라서 우리가 어떤 사물이나 현상을 이해하고자 할 때에는 반드시 다른 사물이나 현상과의 연관 속에서, 또 구체적인 시간과 공간, 조건 속에서 고찰해야 합니다. 만일 이러한 연관을 고려하지 않고 시간과 공간, 조건을 떠나 고립적으로 고찰한다면 우리는 결코 그 사물에 대한 올바른 이해에 도달할 수 없습니다.

실제로 우리가 어떤 사물이 주위 사물과 맺고 있는 연관과 그것의 상호 작용을 고찰해 보면 그 사이에 무수한 연관이 있어 복잡하게 관계를 맺고 있음을 발견합니다. 사실 아무리 조그맣고 단순한 사물이라 하더라도 그것이 주위 사물과 맺고 있는 연관은 복잡하기 그지없습니다. 다만 여기서 주의해야 하는 것은 그 무수한 연관들이 모두 똑같은 역할을 하는 것은 아니라는 사실입니다. 각각의 연관이 그 사물과의 연관 속에서 일으키는 작용에는 차이가 있습니다. 이것은 무수하고 복잡한 연관 가운데 본질적인 연관과 비본질적인 연관, 주요한 연관과 부차적인 연관이 있다는 것을 뜻합니다.

따라서 어떤 사물을 이해하고자 할 때에는 반드시 여러 가지 연관을 구체적으로 분석하여 어느 것이 주요하고 본질적인 연관이며 어느 것이 부차적이고 비본질적인 연관인가를 가려내야 합니다. 그럴 때 비로소 사물의 본질을 정확히 파악할 수 있습니다. 곧 법칙*을 발견할 수 있는 것입니다.

'순망치한(脣亡齒寒, 입술이 없으면 이가 시리다)'이라는 고사성어가 있습니다. 이 말에 얽힌 이야기는 우리에게 사물의 연관성을 올바로 이해하는 것이 얼마나 중요한가를 알려 줍니다.

춘추 시대에 진나라 헌공은 괵나라가 변방에 자주 출몰하여 백성들을 괴롭히므로, 군대를 파견하여 한번에 괵나라를 멸망시키고자 중신들과 이 일을 상의했습니다. 대신들 중 대부 순식(筍息)이 임금에게 아뢰기를, "괵나라와 인근의 우나라는 이와 입술의 관계이므로 괵나라를 토벌하는 가장 좋은 방법은, 우나라에 괵나라를 토벌하고자 하니 길을 빌려 달라

• 법칙

법칙은 사물들간의 본질적·필연적·일반적 연관을 말한다. 현실 세계에 존재하는 사물 자체가 매우 복잡하고 다양하기 때문에 사물들간의 연관은 더욱 복잡하다. 이러한 연관 중에서 본질적·필연적·일반적 연관을 법칙이라고 부른다.
필연적 연관은 일정한 조건에서 반드시 그렇게 되는 연관이며, 일반적 연관은 일련의 사물에 공통적으로 나타나는 연관이다. 나아가 사물의 필연적이고 일반적인 연관은 그 근거가 사물의 본질에 있다.

고 하여 먼저 괵나라의 항복을 받은 다음에 이어서 우나라를 공격함이 옳을 줄 아옵니다"라고 하였습니다.

그러나 헌공은 우나라가 과연 길을 빌려 줄 것인지 자신이 없었습니다. 그가 결정을 못 하고 망설이자 순식이 계속해서 "만일 보석과 좋은 말을 보내기만 한다면, 욕심 많은 우공이 반드시 응낙할 것입니다"라고 설득했습니다. 그러나 이 두 가지 물건은 헌공 또한 가장 좋아하고 아끼는 것이라서 선뜻 결정을 내리지 못했습니다. 이에 순식은 "괵나라가 멸망한 뒤에는 우나라 또한 존재할 수 없을 것인즉, 좋은 말과 보석은 잠시 빌려 주는 것에 불과합니다"라고 설득해 결정을 재촉했습니다. 결국 순식에게 설득된 헌공은 많은 보석과 말 등의 예물과 함께 사자를 우나라로 파견했습니다.

귀중한 예물을 받은 우공은 크게 기뻐하며 즉시 길을 빌려 주겠다고 확답했습니다. 이때 대신 궁지기(宮之奇)가 극력 반대하며 간언하기를, "속담에 '입술이 없으면 이가 시리다'라는 말이 있습니다. 우리 우나라와 괵나라 사이는 이처럼 이와 입술의 관계에 있사온즉, 괵나라가 망하면 우리나라도 안전을 보장하기가 어렵습니다. 진나라에 길을 빌려 주는 것은 천만 불가합니다. 폐하, 재고하시옵소서"라고 했습니다.

그러나 우공은 궁지기의 간언을 물리치고 예물을 받아들이고 진나라에 길을 빌려 주었습니다. 궁지기는 절망한 나머지 우나라를 떠나 버렸습니다. 그는 떠나기 전에 "앞으로 1년 안에 우나라는 반드시 멸망하고 말 것이다"라는 말을 남겼습니다.

　진나라 군사는 우나라를 거쳐 단숨에 괵나라를 공략했습니다. 괵나라는 진나라가 우나라를 거쳐 공격해 오리라고 상상도 못 하여 전혀 방비가 없었기 때문에 저항 한번 못 하고 패배하고 말았습니다. 진나라가 괵나라를 멸한 뒤 돌아올 때 우공은 진나라의 승리를 축하하기 위하여 친히 성 밖까지 나와서 진나라 군사들을 영접했습니다. 이때 우공을 호위하는 병사들은 많지 않았습니다. 방어가 소홀한 것을 본 진군은 우나라를 갑자기 공격하여 우공과 대신들을 체포했습니다. 진나라 군사들이 침략군으로 돌변하리라고는 생각지도 못 했던 우공은 제대로 대항조차 못 한 채 포로가 되었습니다. 진나라 군사들은 헌공이 우공에게 보낸 보석과 말을 찾아냈습니다. 그때서야 우공은 탄식하며 궁지기의 말을 듣지 않은 것을 후회했으나 때는 이미 늦었던 것입니다.

셋째 마당

모든 것은 변화한다

철학 에세이

삶에 대한 모든 것을 포괄한다

꽃봉오리는 피어나고 있다

어느 날 아침 문득 화분에 심어진 꽃나무에 꽃이 피어 있는 걸 보게 될 때가 있습니다. 봉오리로 있던 것이 피어서 꽃이 된 것입니다. 봉오리가 막 터져서 완전히 꽃피려면 몇 시간이 걸립니다. 봉오리가 터지면서 꽃으로 되는 동안 가만히 그 봉오리를 바라보고 있어도 눈으로 그 움직임을 보기는 거의 불가능합니다. 그만큼 천천히 움직이기 때문이지요. 하지만 몇 시간이 지나면 봉오리가 터져서 꽃이 됩니다. 우리 눈에는 보이지 않지만 그 몇 시간 동안 봉오리는 조금씩 벌어져 꽃으로 피어납니다.

만약 이것을 확실히 알고 싶다면 카메라로 꽃피는 과정을 고속 촬영해 보면 됩니다. 그러면 텔레비전이나 영화에서 보는 것처럼 봉오리가 터져 꽃잎이 활짝활짝 펴지는 것을 몇 초 안에 볼 수 있습니다. 촬영한 화면을 보면 그냥 보기에는 움직이지 않는 것처럼 보이는 꽃잎이 사실은 조금씩 움직이고 있음을 확실히 알 수 있습니다.

시계의 경우도 마찬가지입니다. 시계를 보면 초침이 빨리 돌기 때문에 시간이 가는 것을 알 수 있습니다. 하지만 시침이 분명히 가기는 가지만 그 움직임을 눈으로 직접 느끼기는 매우 어렵습니다. 만약 이것도 고속 촬영을 한다면 시침이 움직이는 모습을 눈으로 직접 볼 수 있을 것입니다.

이처럼 우리는 사물이 실제로 움직이며 변화하고 있는데도 우리가 그것을 보지 못한다는 이유로 변화하지 않는다고 생각하는 경우가 많습니다.

사실 사물은 우리가 그것을 보건 못 보건, 알건 모르건 간에 끊임없이 변화하고 있습니다. 세계에 존재하는 모든 사물은 끊임없이 변화하고 있습니다.

우주의 경우를 생각해 보더라도 우주는 먼 옛날에 있던 모습 그대로 오늘날까지 존재하는 것이 아니라, 그 동안 어떤 별은 탄생하고 어떤 별은 없어지는 등 끊임없이 변화를 거쳐 오늘날에 이른 것입니다. 별은 언제까지나 있는 그대로 존재하는 것이 아니라 탄생해서 성장하고 사라져 갑니다. 그러므로 우주도 끊임없이 변화하고 있다고 말할 수 있습니다.

지구도 마찬가지입니다. 현재 지구에는 아시아, 유럽, 아프리카, 남·북아메리카, 오세아니아의 6대륙이 있고, 태평양, 인도양, 대서양 등의 바다가 있습니다. 하지만 이 대륙이나 바다가 본래부터 이렇게 있었던 것은 아닙니다. 먼 옛날에는 육지와 바다의 모습이 지금과 달리 에리아, 앙가라, 곤드와나 대륙이라는 3대륙으로 되어 있었습니다. 이것은 과학적으로 증명된 것이고 세계 지도를 자세히 보면 어렴풋이나마 짐작할 수 있습니다. 아프리카 서쪽 해안과 남아메리카 동쪽 해안이 서로 거의 맞물리는 모양으로 되어 있고, 또한 북아메리카 대륙의 동쪽과 유럽 서쪽도 서로 맞물리는 모양으로 되어 있어 과거에 대륙들이 붙어 있었음을 짐작하게 합니다. 이처럼 지구는 끊임없이 변해 왔으며 지금도 계속 변화하고 있습니다. 그리하여 네덜란드 같은 나라는 지금도 땅이 바다 속으로 조금씩 가라앉고 있고, 우리나라의 경우에도 서해안이 조금씩 가라앉는 반면 동해안은 조금씩 올라오고 있습니다.

 생물의 경우에도 현재 지구상에 존재하는 생물이 먼 옛날부터 그대로 존재해 온 것이 아니라 현재의 생물과 다른 과거의 생물이 환경에 따라 변화함으로써 오늘날의 생물이 된 것입니다. 지구상에 처음 나타난 생물은 아메바와 같은 단세포 생물이었습니다. 그런데 이것이 점차 진화하여 공룡 같은 커다란 생물이 되었습니다. 이러한 파충류 중에서 어떤 것은 시조새라는 것으로 변화하였는데, 이것이 새(조류)의 조상입니다. 시조새는 파충류에서 변화한 것이기 때문에 세 개의 발가락과 날카로운 발톱, 긴 꼬리, 얄팍한 가슴뼈 등 파충류와 비슷한 점이 많았습니다. 그러나 그 뒤로 계속 변화하여 오늘날과 같은 새가 된 것입니다. 이처럼 오늘날 지구상에 존재하는 생물은 모두 변화(진화)의 산물이며, 이런 변화는 오늘날에도 일어나고 있습니다. 본래 육식 동물이던 고양이가 사람들과 함께 살면서 잡식성으로 변해 밥과 같은 식물성 음식도 먹게 된 것이 그러한 예입니다.

그럼 인간의 경우는 어떨까요? 인간은 먼 옛날부터 현재의 모습과 같은 인간이었을까요? 그렇지 않습니다. 진화론에 따르면 인간의 조상은 원숭이라고 합니다. 고도로 발달한 일종의 원숭이가 인간의 조상이라는 것이죠. 이 원숭이는 몸과 얼굴이 털로 덮여 있었고 나무 위에서 함께 모여 살았습니다. 이 원숭이가 인간으로 변화한 가장 결정적인 계기는 직립 보행, 즉 네 발이 아니라 두 발로 걷는 변화였습니다. 두 발로 걷는다는 것은 앞발, 즉 두 손을 자유로이 사용할 수 있게 되었다는 것을 의미합니다. 이 손은 인간이 자연에 대항하는 과정, 즉 노동 속에서 생긴 것입니다. 또한 함께 모여 노동하는 과정에서 서로 의사소통을 해야 했습니다. 즉 언어가 발생한 것입니다. 그리고 언어의 발달과 함께 노동을 하는 과정에서 점차 뇌도 발달하고 감각 기관도 발달하였습니다. 현재의 인간은 이런 변화의 산물입니다. 먼 옛날부터 현재의 모습으로 존재한 것이 아니라 원숭이가 점차 진화하여 오늘날에 이른 것입니다.

사회도 마찬가지입니다. 먼 옛날에는 공동으로 생산하고 공동으로 분배하는 원시 공산제 사회였습니다. 이것이 변화하여 노예 소유주와 노예라는 두 계급을 중심으로 하는 노예제 사회가 되었고, 다시 봉건 영주와 농노라는 두 계급을 중심으로 하는 봉건제 사회로 변화했습니다. 봉건제 사회는 그 뒤 자본주의 사회로 되었습니다. 따라서 우리는 사회에 대해서도 앞의 경우와 똑같이 말할 수 있습니다. 즉 현재의 사회는 과거의 사회가 변화한 결과물이며, 현재의 사회 역시 끊임없이 변화하고 있다고.

우주, 지구, 생물, 사회뿐만 아니라 잠깐만 우리 주위를 둘러보더라도 모든 사물이 변화하고 있음을 알 수 있습니다. 우리가 밤에 들어가서 자고 아침에 나오는 집도 밤새 어딘가 한 부분은 조금이나마 변한 것이고, 아침마다 출근하기 위해 타는 버스도 어제보다는 조금 낡은 것입니다. 또한 회사에 출근해서 만나는 동료도 어제의 그가 아니라 조금이나마 변화해 있습니다. 아주 작은 변화이기에 이러한 변화를 무시하고 지내지만, 아주 조금씩이나마 변화하고 있는 것은 엄연한 사실입니다.

앞에서 여러 가지 예를 들어 설명한 것처럼 세계에 존재하는 모든 사물은 끊임없이 변화하고 있습니다. 만약 이런 변화를 인정하지 않는다면, 즉 현재는 과거와 똑같고 미래도 현재와 똑같다고 생각한다면 새로운 사물이 발생하거나 본래 있던 사물이 변화하여 다른 것으로 되는 현상을 이해할 수 없습니다.

이제까지 본 것처럼 "모든 사물은 변화·운동하고 있다"라는 말은 틀림없는 사실입니다. 그렇다면 과연 사물에는 정지 상태가 없는 것일까요? 아닙니다. 물론 있습니다. 달걀은 부화해서 병아리로 변화하지만, 병아리로 변화하기 전의 달걀은 어디까지나 달걀입니다. 사물은 끊임없이 운동·변화하지만 동시에 일정한 단계에서는 근본적 성격이 변화하지 않으면서 일정한 상태를 유지합니다. 즉 질적으로 안정된 상태를 유지하는 것이지요.

사물이 변화·운동하는 일정한 단계에서 일정한 상태를 유지하며 질적 안전성을 유지하기 때문에 우리는 비로소 사물을 인식할 수 있고 여러 가지 사물들을 구별해 낼 수 있습니다. 만약 사물이 정지 상태를 갖지 않고 걷잡을 수 없이 변화하기만 한다면 우리는 사물을 인식할 수 없을 뿐 아니라 구별할 수도 없을 것입니다.

하지만 사물의 이러한 정지 상태는 절대적이 아니라 상대적인 것입니다. 그것은 사물 운동의 특수한 형태에 지나지 않습니다. 즉 절대적인 정지 상태는 존재하지 않습니다. 달걀의 경우에도 그것이 병아리로 되는 변화가 일어나지 않았다 하더라도 달걀 내부에는 여러 가지 변화와 운동이 일어나고 있는 것이며, 아직 달걀이라는 질적 상태를 변화시키는 데까지는 이르지 못했을 뿐입니다.

예를 들어 땅 위에 가만히 서 있는 사람을 생각해 봅시다. 그는 정지해 있는 것일까요? 설령 그가 미동도 하지 않은 채 가만히 있다 하더라도 그가 딛고 서 있는 지구는 자체 회전(자전)하면서 태양의 주위를 돌고 있습니다. 또 지구가 속한 태양계는 자신이 속한 은하계 중심 주위를 초당 230킬로미터의 속도로 회전하고 있습니다.

이처럼 사물은 자체 운동의 일정한 발전 단계에서 질적 안정성을 가지면서 정지 상태를 유지하지만, 그것은 상대적일 뿐 절대적으로는 끊임없이 운동·변화하는 과정에 있습니다.

사실 운동*이나 변화*는 사물의 본질적인 부분입니다. 우선 사물이 있

* 운동과 변화
운동은 장소의 이동만이 아니라 모든 형태의 변화를 가리키는 개념이다. 따라서 '운동'이나 '변화'는 동일한 의미를 갖는다.

고 거기에 운동이 첨가되는 것이 아니라 사물 그 자체가 하나의 운동이고 변화인 것입니다. 이 세계에 존재하는 모든 사물은 다 만들어진, 변화가 없이 정지된 상태로 있는 것이 아니라 끊임없는 변화 속에 있습니다. 그러므로 사물의 본질은 운동이고 과정이라고 말할 수 있습니다. 사물이란 과거에서 현재에 이르기까지 변화해 왔고 현재도 변화하고 있으며 앞으로도 계속 변화해 나갈 하나의 과정입니다. 따라서 우리는 '모든 사물은 변화한다'는 말의 의미를 올바로 인식해야 합니다.

변증법과 형이상학

모든 사물은 관련되어 있고 변화하고 있다는 입장에 선 철학적 견해를 '변증법(dialetics)'이라 부른다. 그런데 이와 달리 사물의 상호 관련성을 부인하여 사물을 고립적으로 보고, 사물의 운동·변화를 부인하여 고정적·정지적으로 보는 철학적 견해가 있다. 바로 '형이상학(metaphysics)'이다.

변증법과 형이상학을 비교해 볼 때 형이상학의 한계나 오류는 분명하다. 그러나 철학사를 돌이켜 보면, 고대부터 근대에 이르기까지 형이상학이 지배적인 위치를 차지해 왔음을 알 수 있다. 왜 그랬을까?

그것은 당시 인간의 인식이 낮은 단계에 머물러 있었기 때문이다. 예를 들어 보자. 앞에서 언급했듯이 지구상의 모든 생물은 아메바 같은 단세포 생물에 그 기원을 두고 있으며 주위 사물과 끊임없이 상호 작용하고, 장

기간에 걸쳐 변화(진화)하는 과정을 통해 오늘날과 같은 모습에 이르렀다. 그러나 이런 지식을 갖지 못했던 과거 사람들은 이와 같은 관점에서 생물을 관찰하거나 연구할 수 없었다. 그들은 주위의 생물을 각각 분리시키고 그 정지된 모습을 개별적으로 관찰하고 연구할 수밖에 없었다. 즉 제자리에 가만히 있는 것은 식물, 몸을 이리저리 움직이는 것은 동물 하는 식으로 1차 분류하고, 동물은 다시 어류, 조류, 파충류, 양서류, 포유류로 나누고, 포유류는 다시 개, 소, 말, 토끼, 인간 등으로 나누어 각각의 구조와 특성을 연구해야 했던 것이다. 어떤 운동을 처음 배우는 초보자가 능숙한 몸동작을 익히기 위해 먼저 운동에 필요한 동작을 몇 개로 나누고, 그것을 정지 상태에서 반복하여 훈련하는 것처럼 말이다.

이처럼 인간의 인식이 낮은 단계에 머물러 있는 상황에서 인간이 외계의 사물을 인식하고 이해하기 위해서는, 우선 변화하고 운동하는 과정에 있는 것을 고정시키고 상호 연관 속에 뒤엉켜 있는 것을 분리해서 보아야 했는데, 이것이 바로 형이상학적인 사고방식이자 연구 방법이었다. 따라서 형이상학적인 사고방식과 연구 방법은 인간의 인식이 낮은 단계에서 필연적으로 나올 수밖에 없는 것이었고, 그 한계와 오류가 분명한 것이기는 하지만, 인간의 인식이 발전하기 위해 필요한 것이기도 했다. 그리하여 인간의 인식과 지식이 사물의 연관성과 변화를 이해할 수 있을 정도로 발전하기까지 형이상학은 철학사의 지배적인 견해로 자리잡았던 것이다.

물론 옛날 사람이라고 해서 세계의 연관성과 변화를 전혀 인식하지 못했던 것은 아니다. 예를 들어 고대 그리스의 헤라클레이토스(기원전 약 530~470) 같은 사람은 만물 유전(萬物流轉)의 사상을 주장했다. 그는 만물은 변화하며, 그 변화는 불에서 비롯하여 물에서 흙으로, 다시 흙에서 물로, 물에서 불로 변화한다고 설명했다. 또 고대 동양에서는 음양오행설(陰陽五行說)이 나와, 세계가 음과 양이라는 두 대립물의 투쟁·갈등·조화에 의해 목(木)·화(火)·토(土)·금(金)·수(水)라는 다섯 가지 형태의 변화를 겪는다고 주장했다. 그러나 이처럼 소박하고 유치한 변증법으로는 형이상학을 극복하기 어려웠다. 왜냐하면 인간의 인식이 유치하고 낮은 단계에 머물러 있던 당시의 상황에서는 세계의 변화와 연관을 제대로 이해하고 설명하기가 매우 곤란했기 때문이다.

변증법의 체계가 확립되고 형이상학에 대해 우위가 확보된 것은 헤겔(1770~1831)과 마르크스(1818~1883)에 이르러서였다.

창과 방패 이야기

앞에서 우리는 모든 사물은 운동·변화한다는 것을 알았습니다. 사실 자연이나 인간, 사회, 정신 어느 것을 보더라도 끊임없이 변화하고 있습니다. 모든 실재는 운동하며 이 운동은 보편적입니다. 즉 이 세계에 존재하는 모든 사물은 운동·변화를 그 본질로 하고 있습니다. 그렇다면 이 운동이나 변화는 왜 일어날까요? 이것은 매우 중요한 문제입니다. 왜냐하면 변화의 원인이 없다면 변화가 있을 수 없기 때문입니다.

그러면 이 문제에 대한 답을 얻기 위해서 먼저 이런 질문부터 해 봅시다. 과연 변화의 근본 원인은 어디에 있을까요? 사물 내부에 있을까요, 외부에 있을까요?

만약 사물이 운동·변화하는 근본 원인이 사물 외부에 있다면 그것은 곧 사물이 스스로 운동·변화하지 못한다는 것을 의미합니다. 따라서 사물의 운동이 끊임없이 이루어지기 위해서는 사물에 외적인 힘이 계속 가해져야 하고, 그 결과 외적인 힘의 원천이 되는 어떤 초월적인 존재, 신적인 존재를 가정해야만 합니다. 종교가 이러한 입장의 대표적 예입니다.

종교에서는 이 세상에 존재하는 모든 것이 신의 뜻에 따라 만들어졌고 신의 뜻에 따라 움직이며 신의 뜻에 따라 소멸한다고 말합니다. 다시 말하면 이 세계에 존재하는 모든 사물은 신의 뜻에 의한 것이며 만약 그 사물이 운동하거나 변화한다면 그것은 신의 뜻에 의하여 신이 그렇게 움직이게 하기 때문이라는 것입니다. 따라서 전쟁이 일어나면 평화를 위한 기도회를 하고 흉년이 들면 곡식을 많이 거두게 해 달라고 하늘에 빕니다. 그러나 이렇듯 전쟁이 벌어졌는데도 총을 들고 나가 침략자를 물리칠 생각은 하지 않고 기도만 한다든지 흉년이 들어도 하늘을 향하여 머리를 조아리며 빌 뿐 곡식을 많이 생산하기 위해 스스로 노력하지 않는다면, 오히려 침략자가 그 나라를 쉽게 점령해 버릴 것이고 거둘 수 있는 곡식이 더욱 줄어들 것입니다. 따라서 모든 운동이나 변화가 신의 뜻에 따라 일어나는 것이 아님이 분명합니다.

그렇다면 변화의 근본 원인은 도대체 무엇일까요? 결론부터 말하면 그것은 사물 내부에 있습니다.

연못에 돌을 던지면 어떻게 될까요? 물결이 일어날 것입니다. 이것은 하나의 운동이고 변화입니다. 물결이 왜 일어났을까요? 연못에 돌을 던졌기 때문입니다. 만약 연못에 돌을 던지지 않았다면 물결이 일어나지 않았을 것입니다. 그러나 좀더 깊이 생각해 봅시다. 만약 그 연못의 물이 얼어서 얼음이 되었을 때 돌을 던졌다고 가정해 봅시다. 이때도 물결이 일어날까요? 그렇지 않습니다. 여기서 알 수 있듯이 물결이 일어나는 것은 연못에 있는 물이 물결을 만들어 낼 가능성을 가지고 있기 때문입니다. 물론 돌을 던지는 것도 물결이 일어나는 원인이지만 그보다 근본적인 원인은 물이 물결을 만들 수 있는 성질을 가지고 있는 것입니다.

달걀에 적당한 온도를 맞춰 주고 얼마의 시간이 지나면 병아리가 됩니다. 달걀이 병아리가 되는 것은 아주 새로운 변화입니다. 달걀에서 달걀과 완전히 다른 병아리가 생겼기 때문입니다. 이 경우에도 달걀이 병아리로 되는 것은 달걀이 그 내부에 병아리가 될 수 있는 가능성을 가지고 있기 때문입니다. 달걀에 적당한 온도를 일정 기간 동안 계속 유지해 주는 것도 달걀이 병아리로 변화하는 데 필요한 조건이지만, 만약 달걀이 그 내부에 병아리로 될 수 있는 가능성을 가지고 있지 않다면 달걀을 아무리 따뜻하게 하고 오래 놓아둔다 하더라도 결코 병아리로 변화하지 않을 것입니다. 마치 돌에 온도를 적당하게 맞춰 주고 이를 일정 기간 유지한다 하더라도 돌이 병아리로 되지 않는 것처럼. 그러므로 달걀이 병아리로 변화하는 근본 원인은 달걀 내부에 있는, 달걀이 병아리로 변화할 가능성입니다.

서양의 어떤 학자는 사회의 발전에 대해서 이렇게 말합니다. "사회의 발전에는 지리적·기후적 요인이 매우 중요하다. 세계의 여러 사회를 살펴보면 온대 지역에 있는 사회는 앞서가는 선진 사회이고 열대 지역에 있는 사회는 뒤떨어진 후진 사회다." 하지만 과연 사회가 발전하는 데 지리적 요인과 기후적 요인이 가장 중요한, 가장 근본적인 원인일까요?

구체적으로 살펴봅시다. 고대 이집트는 당시 세계에서 가장 발달한 국가였고 당시 유럽은 이집트에 비해 미개한 후진 사회였습니다. 그러나 오늘날 이집트는 유럽에 비해 뒤떨어져 있습니다. 하지만 이집트는 열대 기후이고 유럽은 온대 기후이며, 이것은 고대나 지금이나 큰 차이가 없습니다. 북아메리카 대륙의 기후적 · 지리적 요인은 수백 년 전과 비교하여 커다란 차이가 없으나, 수백 년 전의 북아메리카 대륙과 오늘날 미국이라는 강력한 국가가 자리잡고 있는 북아메리카 대륙의 모습에는 커다란 차이가 있습니다.

위에서 알 수 있는 바와 같이 사회가 발전하는 데 지리적 · 기후적 요인이 가장 근본적이라는 주장은 잘못된 견해입니다. 이는 역사를 무시하는 견해입니다. 사회가 발전하기 위한 가장 중요하고 근본적인 요인은 사회 내부에 있습니다. 사회 발전이라는 변화에서 가장 중요하고 근본적인 요인은 지리적 요인이나 기후적 요인 같은 사회 외적인 것이 아니라 사회 내부에 있는 발전의 가능성입니다.

지금까지 말한 바와 같이 모든 사물은 변화하며 그 변화의 근본 원인은 사물 내부에 있습니다. 변화의 근본 원인을 사물의 내부가 아닌 외부에서 찾으려는 견해는 현실을 무시하는 잘못된 견해입니다.

앞에서 우리는 사물이 변화하는 근본 원인이 사물의 내부에 있다는 것을 알았습니다. 그렇다면 사물이 운동 · 변화하는 근본 원인은 과연 무엇일까요? 이 물음에 대해서 결론부터 말한다면, 사물 변화의 근본 원인은 '사물 내부에 있는 내적 모순(矛盾)'입니다. 모순이라는 어려운 말이 나왔으니 모순이란 무엇인가부터 알아봅시다.

본래 모순이라는 말은 중국의 고사에서 나온 말입니다. 모(矛)는 창이라는 뜻이고 순(盾)은 방패라는 뜻입니다.

옛날 중국에 한 무기 상인이 있었습니다. 그는 자기가 팔고 있는 창을 들고 "이 창은 어떤 방패로도 막을 수 없고 모든 방패를 다 뚫을 수 있다"라고 선전했습니다. 한편 마찬가지로 방패를 선전하면서는 "이 방패는 어떤 창이라도 막을 수 있고 모든 창을 튀어나가게 할 수 있다"라고 말했습니다. 그때 이를 지켜보던 한 사람이 "이 창으로 이 방패를 뚫으려고 하면 어떻게 됩니까?" 하고 물었습니다. 그러자 무기 상인은 말문이 막혀 결국 아무 말도 할 수 없었다는 이야기입니다. 상인이 말한 두 가지 선전은 완전히 대립되고 조리가 없는 것이었습니다. 불합리한 것이었죠. 그리하여 그때부터 '모순'이라는 말은 '불합리하다'는 뜻으로 쓰이게 되었습니다. 이것이 우리가 일상적으로 사용하는 '모순'이라는 말의 뜻입니다.

하지만 철학에서 말하는 모순이란 이와 다르기 때문에 주의해야 합니다.

경제학을 공부하는 어떤 사람이 있다고 합시다. 이 사람이 경제학을 공부하는 것은 자신이 경제에 대해서 모르기 때문에 이를 알기 위해서입니다. 즉 자기 자신이 모르고 있음을 의식하고 동시에 이를 알고자 하는 의지가 있을 때 비로소 공부하는 것입니다. 다시 말하면, 공부란 자신의 무지에 대한 의식과 이 무지를 극복하고자 하는 의지가 있을 때만 가능합니다. 만약 자기 자신이 경제의 모든 것을 알고 있다고 생각한다면 그 사람은 결코 경제학을 공부하지 않을 것입니다. 경제학을 공부하고자 하는 의욕도 일어나지 않을 것입니다. 이는 당연합니다. 왜냐하면 자신이 알지 못하는 부분이 없다고 생각하는데 자신의 무지를 극복하려는 의지가 생겨날 리 없기 때문입니다.

한편 경제학을 공부하면 경제에 대해서 모르던 사람이 경제에 대한 지식을 어느 정도 갖게 됩니다. 경제에 대해서 문외한이던 사람이 경제에 대해 어느 정도 학식을 갖춘 사람으로 변화하는 것이지요. 이런 변화는 공부를 통해서 일어난 것입니다. 왜냐하면 공부란 자신의 무지와 이를 극복하려는 의지의 투쟁으로서, 자신의 무지를 극복하려는 의지가 그것을 물리치고 어느 정도의 학식을 자신에게 가져다주는 것입니다. 다시 말하면, 공부란 자신의 무지와 이를 극복하려는 의지의 투쟁이며 이 투쟁을 통해 경제에 문외한이던 사람이 경제에 대해 어느 정도 지식을 가진 사람으로 변화하는 것입니다.

지금까지 경제학을 공부하는 사람을 예로 들었는데, 이 예는 모순이 무엇인지 알려 줍니다. 앞에서 공부란 자신의 무지와 이를 극복하려는 의지의 투쟁이라고 말했습니다. 자신의 무지와 이를 극복하려는 의지가 서로 대립합니다. 모른다는 것과 알려고 하는 것은 서로 대립하는 것이

지요. 한편 자신의 무지를 인식하지 못한다면 이를 극복하려는 의지가 생겨나지 않을 것입니다. 모르는 것이 없는데 자신의 무지를 극복하려 한다는 것은 말이 안 되지요. 또한 자신의 무지를 극복하려는 의지라는 것은 이미 자신의 무지를 전제로 한 것입니다. 이처럼 자신의 무지와 이를 극복하려는 의지는 각각 상대방을 자기 존재의 전제로 합니다. 정리해 보면, 자신의 무지와 이를 극복하려는 의지는 서로 대립하는 대립물이면서 상대방을 각각 자기 존재의 전제로 하는 것입니다.

 공부를 하게 하는 힘은, 상대방을 자기 존재의 전제로 하면서 서로 대립하는 자신의 무지에 대한 의식과 이를 극복하려는 의지입니다. 이처럼 상호 대립(대립이라는 말이 반드시 적대적인 관계를 가리키는 것은 아닙니다)하는 두 사물이 상대방이 없으면 자신도 존재할 수 없는 관계(이것을 상호 의존 관계라고 말합니다)로 결합되어 있는 것을 '대립물의 통일'이라고 말합니다. 그리고 이러한 '대립물의 통일'이 바로 철학에서 말하는 모순입니다. 즉 모순이란 한편으로는 상호 대립하면서 다른 한편으로는 상호 의존하는 관계로 통일되어 있는 두 사물의 관계입니다. 앞서 예로 들었듯이 경제에 문외한이던 사람이 경제에 대해 어느 정도 지식을 가진 사람으로 변화하는 것은 경제학을 공부함으로써 일어납니다. 여기서 공부라는 것은 자신의 무지에 대한 의식과 이를 극복하려는 의지의 투쟁입니다. 결국 변화는 이러한 투쟁을 통해서 일어납니다. 즉 대립물의 투쟁이 변화의 원동력입니다.

구체적인 예를 통해 좀더 알아봅시다. 앞에서 달걀이 병아리로 변화하는 원인이 달걀 내부에 있다고 말했습니다. 달걀에는 닭의 정자와 난자가 수정함으로써 장차 병아리로 변화할 부분이 포함되어 있습니다. 즉 정자와 난자가 결합한 수정란이 자라나서 병아리로 변화하는 것입니다. 달걀은 그 내부에 앞으로 병아리로 될 가능성을 간직하고 있습니다. 바꾸어 말하면 달걀이면서 동시에 달걀이 아닐 가능성(병아리가 될 가능성)을 가지고 있는 것입니다. 달걀이라는 것과 달걀이 아닐 가능성은 서로 대립합니다. 이러한 두 대립물이 달걀이라는 사물 속에 통일되어 있습니다. 이것이 바로 달걀이 가지고 있는 내적 모순입니다. 이러한 모순 속에 있는 두 대립물 — 달걀이면서 동시에 달걀이 아닐 가능성 — 의 투쟁을 통해 달걀이 병아리로 변화합니다.

만약 내적 모순이 없다면 달걀은 결코 병아리로 변화하지 않을 것입니다. 오늘날 닭의 사육이 거의 기계식으로 이루어지고 달걀의 생산도 대량으로 이루어지면서 정자가 수정되지 않은 무정란이 대량으로 유통되고 있는데, 이 속에는 난자만 있기 때문에 병아리로 변화할 가능성을 가지고 있지 못합니다. 내적 모순을 갖지 못한 이런 달걀은 아무리 온도를 맞춰 주어도 결코 병아리로 변화하지 않습니다. 이런 점은 꽃나무의 씨앗도 마찬가지입니다. 꽃나무의 씨앗을 땅에 심으면 꽃나무로 변화합니다. 이 변화도 씨앗 내부에 씨앗이 아닐 가능성, 즉 꽃나무로 변할 가능성을 가지고 있기 때문에 일어납니다. 즉 씨앗은 씨앗이면서 동시에 씨앗이 아닐 가능성을 가지고 있으며, 씨앗은 이러한 두 대립물의 통일인 것입니다. 이것이 바로 씨앗의 내적 모순이며, 이러한 내적 모순의 두 대립물이 투쟁함으로써 씨앗은 나무로 변화합니다.

물은 0℃와 100℃ 사이에서는 액체 상태로 있지만 0℃ 이하에서는 얼음이 되고 100℃ 이상에서는 수증기로 됩니다. 물은 액체에서 고체로도 되고 기체로도 됩니다. 이런 변화는 어떻게 설명해야 할까요? 이러한 변화의 근본 원인도 결국 물이 가지고 있는 내적 모순입니다. 물은 H_2O, 즉 수소 원자 두 개와 산소 원자 하나가 결합한 물 분자로 구성되어 있습니다. 흔히 보는 양동이의 물은 이러한 물 분자가 무수히 모여 있는 것입니다. 물 분자는 분자끼리 서로 끌어당기는 응집력과 서로 밀어내는 분산력을 가지고 있습니다. 이러한 응집력과 분산력의 통일이 바로 물의 내적 모순입니다. 우리가 흔히 보는 물은 잔잔한 상태를 유지하고 있지만 사실 그 내부를 살펴보면 두 대립물, 즉 응집력과 분산력이 서로 투쟁하면서 평형을 이루고 있습니다. 따라서 물에 열을 가하면 분산력이 응집력을 물리쳐서, 다시 말해 분산력의 힘이 응집력의 힘보다 훨씬 커져서 물 분자가 하나하나 떨어지는데, 이것이 바로 기체 상태의 수증기입니다. 한편 온도가 0℃ 이하로 되면 분자 사이의 응집력이 커져 서로 단단하게 붙어 버립니다. 이것이 바로 고체 상태의 얼음입니다. 이처럼 물이 수증기로도 되고 얼음으로도 되는 변화 역시 물의 내적 모순에 의하여, 즉 응집력과 분산력이라는 두 대립물의 투쟁을 통해서 일어납니다.

사람은 태어나서 활동하다가 나이가 들어 늙으면 죽습니다. 모든 생명체가 결국 죽는다는 것은 하나의 철칙이며 이를 피한 사람은 아직 한 명도 없습니다. 옛날에 중국 진나라의 시황제는 죽지 않고 영원히 살기 위하여 많은 사람에게 한 번 먹으면 늙지 않는다는 불로초(不老草)를 구해 오라고 명령했습니다. 하지만 시황제도 결국 죽음을 피하지 못하고 죽었습니다. 모든 생명체는 결국은 죽습니다.

그렇다면 살아 있는 사람이 왜 죽는 것일까요? 산 사람이 죽는 것도 하나의 변화이며, 이런 변화의 근본 원인 역시 사물의 내적 모순에서 찾을 수 있습니다. 사실 생명이란 죽음과의 투쟁입니다. 우리는 보통 죽음과 생명은 서로 정반대의 것으로서 죽음은 황천의 일이고 이 세상에 살아 있는 우리는 죽음과 관계가 없다고 생각합니다. 그러나 죽음은 바로 우리 몸 안에 있습니다. 새로운 세포가 계속 생겨나서 먼저 생겨나 활동하다가 죽은 세포를 대신하고 있는 것입니다. 만약 이와 같은 새로운 세포와 죽은 세포의 투쟁이 없다면 생명도 없을 것이고 죽음도 없을 것입니다. 이처럼 생명체라는 것은 생명과 죽음이라는 두 대립물의 통일이며, 이것이 바로 생명체의 내적 모순입니다. 그리고 이러한 두 대립물의 투쟁을 통해 죽음이 생명을 극복했을 때 사람은 죽습니다. 이처럼 산 사람이 죽는 것도 생명체가 가지고 있는 내적 모순에 의하여 일어나는 변화입니다.

시장에 나가 보면 많은 물건을 팔고 있습니다. 과일, 생선, 옷 등 무수히 많은 물건을 팝니다. 이처럼 시장에서 팔고 있는 모든 물건을 상품이라고 부릅니다. 남에게 팔기 위해서 내놓은 것들이지요. 한편 손님은 시장에 가서 돈을 내고 이런 물건들을 삽니다. 상인은 돈을 받고 이 물건들을 팝니다. 이 경우, 즉 상인이 돈을 받고 물건을 파는 경우에 상품은 화폐로 변합니다. 이것도 분명히 하나의 변화입니다. 상품이 화폐로 변했으니 분명히 변화가 일어난 것입니다.

그러면 이런 변화는 어떻게 해서 일어나는 것일까요? 이것 역시 상품의 내적 모순에 의하여 일어납니다. 상품의 내적 모순이란 무엇일까요? 그것은 사용 가치와 교환 가치라는 두 대립물의 통일입니다. 사용 가치란 상품을 소비할 때 나타나는 효용을 말합니다. 인간이 생산하는 모든 물건은 사용 가치를 가지며 상품 역시 사용 가치를 가집니다. 그럼 교환 가치란 무엇일까요? 상품이란 교환하기 위해서 만들어진 물건입니다. 만약 교환하기 위해 만든 물건이 아니라면 그것은 상품이 아닙니다. 집에서 먹기 위해 만든 떡이라든지 자녀들을 입히기 위해 만든 옷은 상품이 아닙니다. 상품은 교환을 그 본질로 합니다.

그런데 어떤 상품이 교환되기 위해서는 교환의 기준이 필요합니다. 쌀 한 되는 보리 두 되와 교환한다는 식의 교환의 기준이 필요합니다. 특히 모든 상품을 서로 교환하는 경우에는 어떤 상품의 모든 상품에 대한 교환 기준이 필요하게 됩니다. 예를 들면 책상 하나는 쌀 다섯 말, 옷 세 벌, 과자 백 봉지라는 식으로 상품에 대한 교환 기준이 정해져 있어야만 그 상품을 다른 상품과 교환할 수 있습니다. 하지만 이런 식으로 모든 교환 기준을 정할 수는 없습니다. 그래서 화폐, 즉 돈이 등장합니다. 그리하여 이 상품은 가격이 얼마다 하면 그것은 그 상품의 교환 가치가 돈으로 얼마다 하는 것이 됩니다. 이것이 교환 가치입니다(어떻게 해서 교환 가치가 정해지는가에 대해서는 생략합니다).

교환 가치와 사용 가치는 서로 대립합니다. 만약 나에게 옷이 세 벌 있는데 그 중 한 벌은 내가 입고 두 벌은 시장에 내다 판다고 합시다. 이 경우 내가 입은 한 벌은 나에게 사용 가치만 있을 뿐 교환 가치는 없습니다. 한편 나머지 두 벌은 나에게 교환 가치로서만 의미가 있을 뿐 사용 가치로서는 의미가 없습니다. 만약 나머지 두 벌이 나에게 사용 가치가 있다면 그것은 더 이상 상품이 될 수 없으며 교환 가치가 없는 것입니다. 이처럼 사용 가치와 교환 가치는 서로 대립합니다.

한편 파는 사람인 나에게 사용 가치는 없고 교환 가치만 있는 어떤 물건을 교환하려면 그것이 다른 사람에게 사용 가치가 있어야만 합니다. 만약 그 사람에게 그 물건이 쓸모가 없다면 사지 않을 것이기 때문입니다. 이처럼 상품의 교환 가치는 그 물건이 다른 사람에게 사용 가치로서 의미가 있다는 것을 전제로 할 때에만 존재합니다. 또한 다른 사람에게 사용 가치로서의 의미가 있는 것이 교환되려면 파는 사람의 입장에서는 그것이 교환 가치로서만 의미가 있어야 합니다.

이처럼 서로 대립하는 사용 가치와 교환 가치는 상호 의존하며 상품

속에 결합되어 있습니다. 또한 사용 가치와 교환 가치라는 두 대립물의 통일이 곧 상품의 내적 모순입니다. 바로 이러한 상품의 내적 모순에 의하여 상품이 화폐로 변화하는 것입니다. 즉 사용 가치와 교환 가치의 투쟁을 통해 교환 가치가 사용 가치를 극복할 때 — 이것은 현실적으로 교환이라는 과정을 통해 나타나는데 — 상품은 교환 가치를 나타내는 화폐로 변화합니다.

지금까지 구체적인 예를 통해 알아본 것처럼 사물이 변화하는 근본 원인은 사물 내부에 있는 사물의 내적 모순입니다. 그리고 모순이란 상호 대립하는 두 사물이 상대방을 각각 자기 존재의 전제로 하는 관계(상호 의존 관계)에서 결합된 것이며, 내적 모순의 상호 대립하는 두 대립물이 투쟁하여 변화가 일어납니다. 따라서 사물의 변화를 바라볼 때 그 변화의 근본 원인이 되는 내적 모순을 파악하는 것이 중요합니다. 만약 내적 모순이 아닌 외부적인 원인에서 그 근본 원인을 찾는다면 그 변화의 참된 원인을 찾는 데 실패할 것입니다.

그렇다면 외적 원인은 사물의 변화에 아무런 영향도 미치지 않을까요? 앞에서 우리는 모든 사물은 상호 관련을 맺고 있다고 말했습니다. 외적 원인도 분명히 사물의 변화에 영향을 미칩니다.

달걀이 병아리로 변화하는 데 만약 적당한 온도를 맞춰 주지 않거나 적당한 온도를 일정 기간 동안 유지시켜 주지 않는다면 달걀은 결코 병아리로 변화하지 않습니다. 또한 연못에 돌을 던지지 않거나 연못의 수면 위로 바람이 불지 않는다면 물결은 일어나지 않습니다. 마찬가지로 물의 온도를 100℃ 이상으로 올리거나 0℃ 이하로 내리지 않는다면 물은 절대로 수증기나 얼음으로 되지 않습니다.

이처럼 외적 원인은 "모든 사물은 상호 관련을 맺고 있다"라는 원칙이 나타내는 것처럼 사물의 변화에 영향을 미칩니다. 하지만 외적 원인이 사물의 변화에 미치는 영향은 2차적입니다. 그보다 근본적 원인, 즉 1차적 원인은 사물 내부에 있는 내적 모순이며, 이에 비해 외적 원인은 2차적 원인입니다. 내적 모순은 변화의 근거이고 외적 원인은 변화의 조건이며, 외적 원인은 내적 모순을 통해 작용합니다. 변화의 근거란 그것이 있음으로 해서 변화가 일어나는, 바꾸어 말하면 그것이 없는 경우 결코 그런 변화가 일어날 수 없는 근본 원인입니다. 이에 반해 변화의 조건이란 변화의 근거가 있더라도 거기에 이러이러한 조건이 가해지지 않으면 변화가 일어나지 않는 부차적 원인을 말합니다.

앞에서 든 예를 가지고 말한다면, 달걀이 그 내부에 가지고 있는 모순, 즉 달걀이면서 동시에 달걀이 아닐 가능성이라는 두 대립물의 통일이 변화의 근거이며, 여기에 적당한 온도를 맞춰 주고 일정 기간 동안 이를 유지한다는 외적 원인이 변화의 조건입니다. 산 사람이 죽는 경우에도 생명체가 가지고 있는 내적 모순이 변화의 근거이며, 교통사고를 당한다든지 늙는다든지 하는 것은 생명이 죽음으로 변화하는 데 작용하는 외적 원인, 즉 변화의 조건입니다.

사실 어린아이에게 걸음마를 가르치는 경우에 그 어린아이의 신체가 어느 정도 발달하여 걸을 수 있는 가능성을 그 내부에 가지고 있는 것이 절대로 필요합니다. 이러한 가능성을 아직 갖지 못한 아이에게는 아무리 걸음마를 가르쳐 봤자 걸을 수 없습니다. 이때에도 어린아이가 가지고 있는 내적 모순 — 지금은 걷지 못하지만 걸을 수 있는 가능성이 어린아이의 내부에 통일되어 있는 것 — 이 변화의 근거이며, 주위 어른들이 걸음마를 가르친다든지 걸음마를 배우는 보조기를 사 준다든지 하는 것은 외적 원인으로서 변화의 조건입니다.

우리나라 역사를 되돌아보면 내적 모순이 변화의 근거이며 외적 원인은 변화의 2차적 원인에 지나지 않는다는 것을 절실히 깨닫게 됩니다. 구한말에 우리나라는 일본의 식민지가 되었습니다. 일본의 식민지가 된 것은 이웃 일본이나 서구 여러 나라가 산업을 발달시키고 나라를 부강하게 하는 동안, 우리나라는 낡은 유교적 전통이 강력하게 지배하고 있었고 산업이 발달하지 못했으며 부패한 관리들이 농민의 피와 땀을 짜내기에 급급했기 때문이었습니다. 물론 당시 천대받던 민중들이 일본이나 외국의 힘에 대항해서 갑오농민전쟁(동학농민혁명)과 같은 거국적인 투쟁을 전개하기도 했지만, 그들의 발달된 무기에 맞서기에는 역부족이었습니다.

우리나라가 일본의 식민지가 된 가장 근본적인 원인은 우리들 내부에 있었습니다. 그런데 만약 그 근본 원인을 외부에서 찾는다면 '일본이 힘을 키웠기 때문에 우리나라가 식민지로 되었다'라는 잘못된 생각을 갖게 됩니다. 일본이 힘을 키워 우리나라를 침략한 것도 한 원인이기는 하지만, 만약 당시 우리 힘이 일본에 뒤지지 않았다면 우리나라는 결코 일본의 식민지가 되지 않았을 것입니다.

우리나라가 일본의 식민지로 된 후 수많은 사람이 일제에 대항해서 독립투쟁을 벌였습니다. 만주의 추운 벌판에서 총을 들고 일본군에 대항해 싸우기도 하고, 중국 상하이에서 광복군을 조직하기도 하고, 국내에서는 3·1운동이나 6·10만세운동 같은 독립운동을 벌였습니다. 또한 이승만 같은 사람은 독립운동의 가장 중요한 수단을 외교에서 구하여 다른 나라의 힘을 빌려 우리나라의 독립을 찾겠다고 미국의 백악관에 드나들고 미국에 우리나라의 독립을 청원하기도 했습니다.

당시 우리나라는 독립하려 하고 일본은 이를 억누르는 대립 관계가 식민지 조선에 통일되어 있었습니다. 즉 우리나라는 일본과 모순 관계에 있었던 것입니다. 이때 우리 민족의 해방이라는 커다란 변화를 위해서는 일제와 우리나라의 내적 모순 속에서 우리의 힘을 키워 일본의 힘을 극복하는 것이 가장 중요하며, 그 밖의 것은 부차적인 것에 지나지 않았습니다. 그런데도 우리의 힘을 키워 일제에 대항하려 하지 않고 외국의 힘을 빌려 우리나라의 독립을 얻으려는 것이 이승만의 이른바 '외교론'이었습니다.

'외교론'의 대표 주자인 이승만은 다음과 같이 말했습니다. "외국인이 오는 것이 본래 나를 해하려는 주의가 없고 피차에 다 이롭기를 경영함 인즉 외국인이 오는 것을 막을 까닭이 없다", "외국인을 원수같이 여기는 것은 가장 위험한 일이다." 또한 제국주의의 침략에 대해 "외국인에게는 아무리 원통하더라도 고개를 숙이고 참으며 피해라", "외교를 친밀히 하는 것이 지금 세상에 나를 유지하는 법이다"라고 말하면서 미국에 눌러앉아 백악관에 독립과 자치를 청원하는 것을 자기의 주된 임무로 삼았습니다.

　민족해방을 위해 치열하게 투쟁하는 우리 민족의 대열 속에서 파쟁을 일으키고 독립자금을 유용하며 '외교론'으로 민족의 위신에 먹칠을 하던 이승만은 해방 후 이 땅에 돌아와 한반도의 남단을 점령한 미군정을 등에 업고 김구, 여운형 등 자신이 권력을 얻는 데 위협이 될 만한 사람들을 배척하면서 '단독선거, 단독정부 수립'을 내세워 한반도의 분열을 조장하다가 4·19혁명으로 국민의 거센 저항을 받자, 미국의 지지조차 잃고는 미국으로 쫓겨 갔습니다.

　여기서 우리는 민족의 해방을 우리 민족의 힘이 아닌 강대국, 즉 외세의 힘에 의해 이룩하고자 하는 '외교론'의 허구적 본질을 봅니다. 물론 민족해방을 이룩하기 위해서는 외국을 상대로 한 외교활동도 필요합니다. 하지만 그것은 부차적일 뿐이고 기본이 되며 주된 것은 어디까지나 우리 민족 자신의 힘입니다. 또 이러한 힘을 바탕으로 해서만 외교활동도 성과를 거둘 수 있습니다.

모든 사물이 변화하는 근본 원인은 그 사물의 내부에 있는 내적 모순이며 외적 모순은 부차적인 것에 지나지 않습니다. 내적 모순은 변화의 근거이고 외적 원인은 변화의 조건이며, 외적 원인은 내적 근거를 거쳐서 비로소 작용합니다. 이 점을 올바로 이해하는 것이 매우 중요합니다.

날아가는 공을 보며 든 생각

앞에서 우리는 사물이 운동·변화하는 근본 원인은 사물의 내적 모순이며, 외적 원인은 2차적 원인에 지나지 않는다고 말했습니다. 그런데 우리는 앞서 모든 사물은 변화한다는 것을 알았습니다. 모든 사물은 변화하고 사물이 변화하는 근본 원인은 사물의 내부에 있는 내적 모순이라면, 모든 사물에 모순이 있다는 것이 됩니다. 만약 일부 사물에만 모순이 있고 그 밖의 다른 사물에는 모순이 없다면, 모든 사물이 변화한다고 말할 수 없습니다. 그러나 모든 사물은 변화합니다. 따라서 모든 사물은 모순을 가지고 있습니다. 이것을 모순의 보편성*이라고 합니다.

우리는 사물이 운동한다, 사물이 변화한다고 말하는데, 사실은 운동 그 자체도 모순의 상호 작용입니다. 운동의 가장 단순한 경우, 이를테면 공이 날아가는 경우를 생각해 봅시다.

포물선을 그리며 날아가는 공이 어떤 한 점(이 점을 점 A라 합시다)을 통과하는 순간을 생각해 봅시다. 이 순간에 공은 점 A에 있을까요? 만약 공이 점 A에 있다면 공은 그 순간에 점 A를 통과하는 것이 아니라 점 A

에 머물러 있다는 말이 됩니다. 또 공이 점 A에 있지 않다고 한다면 공은 그 순간에 아직 점 A에 도달하지 않았거나 점 A를 이미 통과해 지나가 버렸든가 어느 한쪽입니다. 그러므로 점 A를 통과하는 순간에 공은 점 A에 있는 것도, 점 A에 있지 않은 것도 아닙니다. 또한 그것은 동시에 그 양쪽이지 않으면 안 됩니다. 즉 점 A를 통과하는 순간에 공은 점 A에 있음과 동시에 점 A에 있지 않은 것입니다. 다시 말하면 공은 그 순간에 점 A에 있으면서 동시에 다른 장소에 있는 것입니다. 이처럼 물체가 점 A를 통과하는 운동을 하는 경우에 그 운동은 점 A에 있음과 동시에 없음이라는 두 대립물의 통일입니다. 운동도 모순의 상호 작용인 것입니다.

모든 사물은 운동·변화하므로 사람도 변화합니다. 어린아이에서 소년, 청년, 장년, 노년으로 변화합니다. 사람도 끊임없이 변화하고 있는 것입니다. 그런데 어떤 한순간을 생각해 봅시다. 만약 그 사람이 그 순간 변화하고 있다면 그 순간의 그 사람은 현재의 그 사람일까요? 만약 그 순간의 그 사람이 현재의 그 사람이라면 그는 어느 순간에나 현재의 그 사람일 것이기 때문에 그 사람은 변화하고 있는 것이 아닙니다. 한편 그 순간에 그 사람은 현재의 그 사람이 아닌 다른 사람일까요? 만약 그렇다면 그 사람은 아직 그 순간에 이르기 전이거나 그 순간을 지나 버린 것입

- **보편성과 특수성**
어떤 일정한 범위의 사물 모두에 공통되는 것을 보편적이라고 하고, 그 일정한 범위 내에 있는 사물 중 어떤 한정된 범위 내에 있는 사물에만 해당되는 것을 특수적이라고 말한다. 예를 들면 인간이 욕망을 갖는다는 것은 보편적이다. 왜냐하면 어떤 조건에서도 살아 있는 한 인간은 무엇인가에 대한 욕망을 가지기 때문이다. 즉 욕망을 갖는다는 것은 모든 인간에게 공통된 성질이다. 하지만 이에 비해 인간이 정복욕을 갖는다는 것은 특수적이다. 왜냐하면 모든 인간이 정복욕을 갖는 것은 아니고, 인간 중 어떤 한정된 범위의 인간들만이 정복욕을 갖기 때문이다. 그 한정된 범위 밖에 있는 인간들에게는 해당되지 않는다. 보편적인 성질을 보편성이라 하고, 특수적인 성질을 특수성이라고 한다. 보편성과 일반성은 그 뜻이 같다.

니다. 앞에 나온 공의 예처럼 그 사람이 변화하는 것은 그 순간에 그 사람이 현재의 그 사람이면서 동시에 다른 사람이기 때문입니다. 바꾸어 말하면 그 사람은 그 순간에 현재의 그 사람이면서 동시에 현재의 그 사람이 아닌 것입니다. 이처럼 사람이 변화하는 것도 현재의 그 사람이면서 동시에 현재의 그 사람이 아니라는 대립물의 통일, 즉 모순입니다.

앞에서 나온 공이나 사람의 예에서 알 수 있는 것처럼 운동은 모순의 상호 작용입니다. 그런데 모든 사물은 운동·변화하고 있으므로, 이런 의미에서 모든 사물은 모순을 가지고 있습니다. 그러면 모순이 구체적으로 어떻게 나타나는지, 자연이나 사회, 인식의 경우에는 어떻게 나타나는지 좀더 자세히 알아봅시다.

자연 속에서 운동은 기본적으로 견인(끌어당김)과 반발(밀어냄)이라는 두 대립물의 통일로 설명할 수 있습니다. 견인과 반발이라는 두 대립물의 통일, 즉 모순이 자연에서 운동의 가장 근본적인 원인이며, 자연에서 일어나는 모든 운동·변화는 이 두 대립물의 투쟁을 통해서 생깁니다. 밤하늘에 보이는 수많은 별, 이런 별들이 무수히 모여 이루어 내는 은하계의 운동, 또 액체가 기체로 되거나 고체가 액체로 되는 운동, 그리고 작게는 분자나 원자의 운동에 이르기까지 모두 견인과 반발이라는 두 대립물의 통일로 이해할 수 있습니다.

먼저 우리가 사는 지구가 속한 태양계의 경우를 생각해 봅시다.

태양계는 태양을 중심으로 여러 행성(수성, 금성, 지구, 화성, 목성 등)이 돌고 있습니다. 옛날에는 천동설을 받아들여 태양이 지구 주위를 돈다고 생각했지만, 과학이 발달한 오늘날에 태양이 지구 주위를 돈다고 생각하는 사람은 아무도 없습니다. 이러한 운동, 즉 태양을 중심으로 행성이 그 주위를 도는 운동은 행성을 태양 쪽으로 끌어당기는 중력(여기서는 이것이 견인)과 행성을 태양으로부터 멀리 떼어 내려는 관성(여기서는 이것이 반발)이라는 두 대립물의 투쟁입니다. 만약 중력과 관성, 견인과 반발이라는 두 대립물의 통일이 없다면 이러한 운동은 존재할 수 없습니다.

팽창하거나 수축하는 고체, 액화*하는 고체와 고화*하는 액체, 기화*하는 액체와 액화하는 기체의 경우를 생각해 봅시다.

사실 우리 주위에 있는 모든 딱딱한 물건(고체)은 우리 눈으로는 잘 보이지 않지만 날씨가 추워지면 수축하여 약간 작아지고, 날씨가 따뜻해져서 기온이 올라가면 팽창하여 조금 커집니다. 철길을 걷다 보면 철로에 깐 레일이 일정한 간격마다 조금씩 사이가 벌어져 있는 것을 볼 수 있습니다. 여름철에 기온이 올라가면 레일이 팽창하기 때문에 그렇게 만들어 놓은 것입니다. 만약 이 틈이 없다면 늘어난 레일이 휘어 버릴 것입니다. 한편 고체인 얼음은 녹아서 물이 되고, 액체인 물은 얼어서 얼음으로 되며, 물이 끓으면 기화해서 기체로 됩니다. 그리고 우리가 사용하는 프로판 가스나 라이터 가스는 기체 상태의 가스에 매우 높은 압력을 가하여 액체 상태로 만든 것입니다. 이러한 변화, 즉 팽창이나 수

축, 액화 · 기화 · 고화 등은 모두 분자의 응집력과 분산력이라는 두 대립물의 투쟁에 의해서 일어납니다. 물체의 분자 사이에는 응집력(견인)과 분산력(반발)의 통일, 즉 모순이 있고 이들 대립물의 투쟁을 통해 이러한 변화가 일어나는 것입니다.

화학 현상의 경우도 마찬가지입니다. 철이 녹슨다든지 물이 분해되어 산소와 수소로 된다든지 생물체가 썩는다든지 하는 것은 모두 화학 현상인데, 이러한 현상은 모두 원자의 화합(원자끼리 결합되는 것을 말하며 여기서는 이것이 견인)과 분해(원자가 서로 떨어지는 것을 말하며 여기서는 이것이 반발)라는 두 대립물의 투쟁을 통해 일어나는 것입니다.

원자의 경우를 생각해도 마찬가지입니다. 원자는 양전기(+전기)를 가진 양자와 음전기(-전기)를 가진 전자로 구성되어 있으며, 전자가 양자의 주위를 돌고 있습니다. 이러한 전자의 운동도 견인으로서 정전(靜電) 에너지와 반발로서의 운동 에너지라는 두 대립물의 통일에서 생기는 것입니다.

이처럼 자연계의 기본적인 운동 형태는 모두 견인과 반발이라는 두 대립물의 통일, 즉 모순에서 생깁니다.

생물 세계에도 모순은 존재합니다. 앞에서 말한 것처럼 생명은 죽음에 대한 끊임없는 투쟁입니다. 새로운 세포가 죽은 세포를 대신하면서 생명이 유지되는 것입니다. 그리하여 새로운 세포가 죽은 세포를 대신

• **액화, 기화, 고화, 승화**
  액체가 기체로 되는 것을 기화라 하고, 액체가 고체로 되는 것을 고화라고 한다. 또한 기체나 고체가 액체로 되는 것을 액화라고 한다. 한편 기체가 고체로 되거나 고체가 기체로 되는 경우(드라이아이스의 경우)가 있는데, 이를 모두 승화라고 한다.

할 수 없을 때, 즉 생명이 죽음을 극복할 수 없을 때 생명이 끝나고 죽음이 시작됩니다. 이처럼 생명체란 생명과 죽음이라는 두 대립물의 통일입니다.

한편 생명이라는 모순에 대해서 다음과 같이 생각할 수도 있습니다. 즉 생물은 그것이 살아 있는 한 모든 순간에 자신의 신체 외부로부터 물질을 받아들이고, 또 자신의 신체를 구성하는 물질의 일부분을 신체의 바깥으로 내보냅니다. 생물이 — 동물이 먹이를 먹는다든지 식물이 뿌리로 양분을 흡수함으로써 — 자신의 신체 바깥에 있는 물질을 받아들여 이것을 생물체의 일부분으로 하는 것을 생물의 동화(同化) 작용이라고 합니다. 또 호흡이나 배설 같은 작용에 의해서 자기 신체의 일부분을 이루고 있는 물질을 신체 바깥으로 내보냄으로써 생물체 이외의 것으로 만들어 버리는 것을 생물의 이화(異化) 작용이라고 합니다. 이러한 동화 작용과 이화 작용에 의해서 생물체를 구성하는 물질이 점점 바뀌어 가므로 일정한 시간이 지난 뒤에는 생물체를 구성하고 있는 물질이 대부분 바뀌어 다른 물질로 변합니다. 생물이 살아 있다는 것은 물질의 교체 (이것을 물질 대사 또는 신진 대사라고 합니다)가 행해지고 있다는 것이며, 물질 대사가 멈추면 그것은 곧 그 생물이 죽었다는 것을 의미합니다. 이처럼 생명이라는 운동 형태의 기초에는 동화 작용과 이화 작용이라는 서로 대립하는 두 사물의 통일, 즉 모순이 있으며, 이런 두 대립물의 투쟁을 통해 생명이 유지됩니다. 생명이 모순을 갖는다는 사실은 모든 생물이 모순을 갖는다는 것을 의미합니다. 즉 생물의 세계에는 보편적으로 모순이 존재합니다.

이번에는 동물 또는 식물의 종(種)*에 대해서 생각해 봅시다. 종에 속한 하나의 개체는 시간이 지나면 그 생명을 다하고 죽습니다. 그렇지만 종은 계속 유지되고 번성합니다. 돼지가 한 마리 있다고 할 때 그 돼지가 죽는다 하더라도 없어지는 것이 아니라 오히려 그 돼지가 낳은 새끼들을 통해 더욱 번성합니다. 한 개체의 입장에서 볼 때는 죽음이 생명을 이기는 것이지만, 종의 입장에서는 생명이 죽음을 이기는 것입니다. 생명은 죽음에 대한 극복이기 때문에 개체의 죽음은 높은 단계에서 낮은 단계로, 새로운 것에서 낡은 것으로 후퇴하고 복귀한 것이라고 할 수 있습니다. 하지만 종의 일반적인 발전은 낡은 것에 대한 새로운 것의 승리이고 낮은 단계에서 높은 단계로 진보하는 것입니다. 이처럼 종과 개체의 관계에서 생명과 죽음은 대립물의 통일을 이루면서 변화합니다.

과학에서도 이러한 대립물의 통일, 즉 모순이 존재합니다. 수학의 경우에는 더하기(+)와 빼기(−)가 대립물의 통일을 이루고 있고, 미분과 적분도 대립물의 통일을 이루고 있습니다. 간단한 수학 계산, 예를 들면 $a-b$라고 하는 경우에도 모순의 법칙이 적용됩니다. $a-b$라는 빼기는 $a+(-b)$라는 더하기와 같습니다. 즉 $a-b$라는 빼기 속에는 $a+(-b)$라는 더하기가 통일되어 있는 것입니다. 더하기와 빼기라는 두 대립물이 통일되어 있는 것이지요. 역학의 경우에는 작용과 반작용이라는 대립물

* 종
생물학에서 생물 분류의 기준이 되는 가장 기초적인 단위를 말한다. 동일한 종에 속한 생물의 개체군은 생물 진화의 일정한 단계에서 동일한 조상에서 진화하였고 기초적인 형질이 유사하므로 자유 교배가 가능하다. 고양이, 개, 말, 튤립, 은행나무 들이 모두 종이다.

의 통일이 있습니다. 우리가 걸을 수 있는 것은 앞으로 걸어 나가려는 힘과 뒤로 잡아당기려는 힘이 동시에 존재하기 때문입니다. 우리가 모래밭에서 잘 걷지 못하는 것은 이러한 대립물의 통일이 잘 이루어지지 않기 때문입니다. 물리학에서는 작용과 반작용이라는 두 대립물의 통일이 존재하고, 화학에서는 원자의 화합과 분해라는 두 대립물의 통일이 존재합니다.

지금까지 자연의 여러 가지 구체적인 예를 통해서 모순이 존재함을 보았습니다. 이처럼 모든 자연 현상에는 모순이 존재하며, 자연은 모순 관계에 있는 두 대립물의 투쟁을 통해 변화합니다.

그러면 사회의 경우에는 어떨까요? 사회에도 모순이 존재할까요? 그렇습니다. 사회라는 것 자체가 대립물의 투쟁을 통해서 만들어진 것입니다.

우리 인간의 선조는 생존을 위해서 자연과 투쟁해 왔습니다. 호랑이나 사자 같은 동물은 강한 이빨과 발톱을 가지고 홀로 사냥할 수 있지만 인간은 혼자 힘으로 힘센 동물을 사냥할 수 없었습니다. 또한 사슴이나 토끼처럼 맹수의 위협을 피해 빨리 달릴 수 있는 빠른 발도 없었습니다. 따라서 인간은 자연과 투쟁하려면 무리를 짓는 것이 필요했습니다. 먹을 것을 구하거나 과일을 딸 때, 강에서 물고기를 잡을 때도 무리 지어 함께 하는 것이 훨씬 효과적이었습니다. 또한 눈보라가 치거나 홍수가 나면 이를 막기 위해 무리 지어 함께 행동하는 것이 필요했습니다. 이것이 바로 사회의 시초입니다. 사회라는 것 자체도 이처럼 자연과 인간이라는 두 대립물의 투쟁 속에서 만들어진 것입니다. 그리고 자연에 대한 인간의 이러한 투쟁이 바로 노동입니다. 노동을 통해 사회가 만들어진 것입니다.

사회의 변화·발전을 살펴보더라도 모순은 존재합니다. 사회를 변화시키는 내적 모순은 생산력과 생산관계라는 두 대립물의 통일, 즉 모순입니다. 생산력이란 인간이 생활에 필요한 물질적 재화를 생산하기 위해서 사용하는 생산수단과 일정한 경험이나 지식, 숙련도를 가지고 생산수단을 사용하여 생산을 행하는 인간이라는 두 가지 요소를 합친 것입니다. 즉 생산력은 인간이 물질적 재화를 생산하기 위해 자연물과 자연력을 얼마나 사용할 수 있는가를 나타내는 것이며, 그 정도에 따라 생산력의 수준이 결정됩니다. 한마디로 말해 생산력은 인간이 자연을 개조하는 힘을 말합니다. 한편 생산관계는 자연을 정복하고 개조하는 과정에서 인간들 사이에 맺어지는 관계를 말하며, 그것은 인간이 일정한 생산체제에서 차지하는 지위, 생산수단의 소유 여부, 생산물의 분배방식 등을 포함합니다. 그 중에서도 생산관계의 기본을 이루는 것은 생산수단(토지, 삼림, 원료, 생산용구, 건물, 교통 및 통신 시설 등)의 소유 여부입니다. 왜냐하면 생산수단을 소유하고 있는가 아닌가, 어떻게 소유하고 있는가에 따라 생산에서 차지하는 지위와 분배에서 차지하는 몫이 결정되기 때문입니다.

　예를 들어 자본주의 사회에서 자본가는 공장, 기계, 원료 등 생산수단을 장악하고 있기 때문에 생산과정에서 감독자, 명령자의 위치에 서고 분배과정에서도 많은 몫을 이윤으로 가져갑니다. 이에 반해 생산수단을 갖지 못한 노동자는 자본가에게 일자리를 얻어야 하고 생산과정에서도 지시와 감독을 받으며 자본가에 비해 훨씬 적은 몫을 임금으로 받아 생활해야 합니다. 또한 자본가에 맞서 자신의 처지를 개선하려면 동료들과 단결하여 단체를 결성해야 합니다. 이처럼 생산관계에서 기본을 이루는 것은 생산수단의 소유 여부입니다.

　생산력과 생산관계의 모순을 좀더 정확하게 말하면 이는 새로운 생산력과 낡은 생산관계의 모순입니다. 생산력과 생산관계에서 생산력은 좀더 빠르게 발전하는 경향을 갖는 데 비해 생산관계는 생산력의 발전에 뒤떨어지는 경향을 보입니다. 생산용구나 이것을 사용하는 인간의 지식과 기술, 경험, 숙련도 등은 인간의 노동과 과학의 발전을 통해 끊임없이 발전합니다. 이에 반해서 생산관계는 사회제도로 고정되어 있기 때문에 쉽게 변화하지 않습니다. 생산력은 점점 변하여 새로운 생산력으로 되어 가는데 생산관계는 낡은 채 그대로 남아 있는 것입니다.

　생산력과 생산관계의 상호 연관은 '내용과 형식'의 관계로서(이에 대해서는 여덟째 마당, 둘째 마디 '내용과 형식' 부분 참고), 형식인 생산관계는 내용인 생산력의 발전에 조응해야 하는데 사회제도로 고정되어 있는 생산관계가 쉽게 변하지 않아 생산력의 발전을 가로막습니다. 여기서 새로운 생산력과 낡은 생산관계 사이의 모순이 생겨납니다. 생산력과 생산관계 사이의 모순이 격화되면 새로운 생산력을 대표하는 진보 계급과 낡은 생산관계를 고수하려는 보수 계급 사이에 투쟁이 나타나며, 이러한 투쟁으로 사회가 발전합니다. 사회는 생산력과 생산관계의 모순, 즉 계급 투쟁에 따라 운동·변화합니다.

  사회의 내적 모순인 생산력과 생산관계의 모순은 사회 발전의 역사에 등장한 각각의 사회마다 특수성을 가집니다. 노예제 사회에서 사회를 구성하는 주요한 두 계급은 노예 소유주와 노예였습니다. 노예는 주로 전쟁에서 잡힌 포로들로 동물과 같은 대우를 받았습니다. 노예는 단지 말하는 도구에 불과했던 것입니다. 그리하여 노예 소유주는 노예를 마음대로 사고팔 수 있었으며 마음대로 죽일 수 있고 마음대로 부려 먹을 수 있었습니다. 고대 이집트의 피라미드는 노예들의 노동으로 만들어진 것입니다. 노예 소유주는 노예가 만든 재화를 가져다가 자기 생활을 영위하면서 노예는 단지 굶어 죽지 않을 만큼만 먹이고 만약 병들거나 늙어서 더는 일을 할 수 없는 경우에는 마음대로 죽이곤 했습니다. 왜냐하면 노예제 사회는 생산력이 매우 낮아서 노예가 자신의 생산물을 먹고 입는 데 쓰고 남길 수 있는 양이 매우 적었으므로 노예 소유자 계급이 이처럼 가혹하게 착취하지 않는 한 노예에게서 잉여 생산물을 빼앗을 수 없었기 때문입니다.

이처럼 노예제 사회는 노예 소유주와 노예라는 대립하는 두 계급의 통일로 이루어진 사회입니다. 노예제 사회는 노예 소유주와 노예라는 두 대립물의 통일, 즉 모순을 자신의 내적 모순으로 가지고 있었고, 노예제 사회의 변화는 이러한 두 대립물의 투쟁을 통해서 일어났습니다.

봉건제 사회의 경우, 이 사회를 구성하는 가장 중요한 두 계급은 영주와 농노입니다(우리나라의 봉건제에서는 지주와 소작농이 봉건 사회의 기본 계급을 이루었습니다). 영주는 장원이라는 커다란 토지를 차지하고 그 땅을 쪼개어 농노들에게 경작하게 했습니다. 그리고 농노들을 부역에 동원하거나 그들의 생산물 중 일부를 취함으로써 자신의 생활을 영위했습니다. 농노의 처지는 노예보다 조금 나아서 영주가 마음대로 사고팔 수 없었지만, 토지에 얽매여 있었기 때문에 마음대로 거주지를 옮긴다든지 할 수는 없었습니다. 봉건제 사회는 그 내적 모순으로서 영주와 농노라는 두 대립물의 통일, 즉 모순을 가지고 있었던 것입니다.

자본제 사회의 내적 모순은 자본가와 노동자의 모순입니다. 노동자는 아무런 생산수단도 가지고 있지 못하기 때문에 자신의 노동력을 팔아야만 임금을 받아서 생활할 수 있습니다. 한편 자본가는 생산수단이나 생산설비를 갖추어 놓고 노동자를 고용해서 상품을 만들어 그것을 시장에 내다 팖으로써 이윤을 얻습니다. 요컨대 노동자는 자신의 노동력을 파는 사람이고 자본가는 노동력을 사는 사람입니다. 파는 사람과 사는 사람의 입장은 서로 대립합니다. 이처럼 자본제 사회는 자본가와 노동자라는 두 대립물의 통일이며, 이것이 바로 자본제 사회의 내적 모순입니다.
 이처럼 사회의 형성, 사회의 역사, 각각의 특정한 사회를 살펴보면 사회에도 내적 모순이 존재하며, 사회의 변화는 이러한 내적 모순을 통하여 일어납니다.

 그러면 인간의 인식은 어떨까요? 여기에도 모순이 존재할까요? 인간이 사물을 인식하는 것은 객관적 사물을 반영하기 때문에 객관적 사물의 모순이 인식에 반영되어 인간의 인식에도 모순이 나타납니다(일곱째 마당 참고). 그러면 인간의 인식에 나타나는 모순에 대해 생각해 봅시다.
 어떤 사람은 인간의 인식능력이 제한되어 있다고 주장합니다. 사물의 현상은 인식할 수 있지만 현상의 배후에 있는 사물의 본질은 인식할 수 없다는 것이지요. 하지만 인간의 역사는 그렇지 않음을 보여 줍니다. 인간의 역사를 돌이켜 보면 한때는 인식할 수 없다고 생각되었지만 인류의 지혜와 과학이 발달함에 따라 점차 인식할 수 있게 된 것이 많습니다. 예를 들어 태양이 어떤 물질로 이루어졌는가 하는 문제는, 과거에 아무도 그것을 인식할 수 없을 것으로 생각했지만 스펙트럼 분석법이 발견된 오늘날에는 아주 쉽게 이해할 수 있게 되었습니다. 따라서 어떤 것이라도 그것을 영원히 인식할 수 없다고는 말할 수 없습니다. 그러므로 인간의 인식능력이 제한되어 있다고 주장하는 사람들이 흔히 그러하듯이 사물을 인식이 불가능한 것과 가능한 것으로 나누는 것은 의미 없는 구별이며 원칙적으로 잘못된 생각입니다. 인간의 인식능력은 제한되지 않습니다.

　실제로 의미가 있는 구별은 이미 인식된 것과 아직 인식되지 않은 것의 구별입니다. 인간의 인식능력은 소질이나 가능성 면에서는 어떤 제한도 받지 않지만, 현실에서는 많은 제한을 받습니다. 과학이 눈부시게 발전한 오늘날에도 아직 인식하지 못하고 있는 것이 많습니다. 바꿔 말하면 인간의 인식에는, 그 자체는 제한을 받지 않는 인식능력과 외적인 영향으로 제한된 인식을 할 수밖에 없는 현실의 인식능력 사이에 모순이 존재합니다. 인간의 인식은 그 자체로서는 제한을 받지 않는 소질, 즉 가능성으로서의 인식능력과 외적인 제한을 받아 국한된 인식밖에 할 수 없는 현실의 인식능력이라는 두 대립물의 투쟁입니다. 이러한 투쟁을 통해 인간의 세대가 계속됨에 따라 인식의 범위가 한층 넓어지고 깊어집니다. 100년 후 우리 후손이 인식하는 범위는 지금 우리가 인식하는 범위보다 훨씬 넓을 것입니다. 그러나 인간이 이 세계에 존재하는 모든 사물의 모든 측면을 하나도 남김 없이 모두 인식하는 것은 불가능합니다. 왜냐하면 모든 사물은 변화할 뿐만 아니라 계속해서 새로운 사물이 생겨나기 때문입니다. 따라서 인류가 존재하는 한 인간의 인식은 계속될 것입니다.

　이번에는 개념이라는 것에 대해 생각해 봅시다. 개념이란 인간이 사고하거나 인식하는 데 없어서는 안 되는 것입니다. 우리는 개념으로 사고하고 인식합니다. 우리가 "저것은 동물이다"라고 말할 때의 '동물'은 개념입니다. 즉 개념이란 일반적인 것을 나타내는 관념입니다. 수많은 감각이나 인상이 모이고 거기서 공통된 일반적인 특징이 인간의 의식에 반영됨으로써 개념이 만들어집니다. 그러므로 '동물'이라는 개념은 현실에 존재하는 다양한 동물이 가지고 있는 공통의 특질(성질)을 인간의 의식 속에 반영한 것이며, 마찬가지로 '국가'라는 개념도 현실의 다양한 국가가 가지고 있는 공통된 특징이 인간의 의식에 반영되어 만들어진 것입니다. 이러한 개념도 모순에 의해 설명됩니다.

　인간이 인식하는 과정을 살펴보면, 외부의 자극이 감성적 인식을 통해 감각으로 인식되며 이것이 이성적 인식에 도달합니다(이에 대해서는 일곱째 마당, 둘째 마디 참고). 감성적 인식은 사물의 일면, 부분적인 측면, 표면적인 현상만을 파악하며, 이성적 인식은 사물의 내적 연관, 전체, 본질을 파악합니다. 개념은 바로 이성적 인식에 의해 형성됩니다. 한편 감성적 인식이 현상만을 파악하고 이성적 인식에 이르러 본질이 파악되므로, 개념이 형성되기 위해서는 이성적 인식이 감성적 인식을 부정(이 용어에 대해서는 다섯째 마당 참고)해야만 합니다. 즉 감성적 인식과 이성적 인식은 서로 대립합니다. 하지만 만약 감성적 인식에 의해 얻어진 감각이 없다면 개념이 형성될 수 없으며, 또한 이성적 인식은 감성적 인식에 의해 얻어진 감각의 의미를 명백히 하므로 양자는 상호 의존 관계에 있습니다. 즉 감성적 인식과 이성적 인식은 모순 관계입니다. 따라서 개념은 감성적 인식과 이성적 인식이라는 두 대립물의 투쟁을 통해서 만들어집니다.

또한 감각은 일면적·부분적·현상적이고, 개념은 연관적·전체적·본질적이라는 점에서 양자는 대립합니다. 즉 개념은 감각과 모순 관계에 있는 것입니다. 이처럼 우리의 인식이나 사고에 없어서는 안 되는 개념도 대립물의 투쟁을 통해서 만들어지며 감각과 대립물의 통일을 이루고 있습니다.

이제까지 예를 통해 본 것처럼 인간의 인식에서도 모순이 존재합니다. 우리가 인식하는 것 자체가 모순이며, 인식하는 데 반드시 필요한 개념이 모순을 통해 형성되며, 이러한 개념도 감각과 모순 관계를 이루고 있습니다.

이제까지 구체적인 예를 통해 자연, 사회, 인식에 모순이 존재함을 살펴보았습니다. 사실 자연, 사회, 인식 그 어느 것을 막론하고 모든 사물에는 그 사물이 변화하는 근본 원인인 모순이 존재합니다. 이처럼 모순이 보편적으로 존재하므로, 즉 모순의 보편성 때문에 "모든 사물은 변화한다"라고 말할 수 있는 것입니다.

달걀과 물에 열을 가하면

넷째
마디

만약 주위에 있는 사물이 동일한 빛의 밝기를 가지고 있다면 주위의 사물이 동일한 어둠을 가지고 있는 경우와 마찬가지로 우리 눈은 주위의 사물을 볼 수가 없습니다. 우리가 사물을 볼 수 있는 것은 빛과 어둠이 어울려 있고 또 빛과 어둠의 정도가 다양하기 때문입니다. 사물을 보는 것뿐만 아니라 일반적으로 사물을 인식할 수 있는 것은 물질이 모두 동일한 형태로 운동하지 않고 물질의 운동 형태에 다양한 차이가 있기 때문입니다. 즉 개개 사물의 운동 형태가 다르기 때문에 우리는 사물을 인식할 수 있는 것입니다.

그러면 왜 개개 사물의 운동 형태에 차이가 있을까요? 본래 사물이 운동하는 것은 모든 사물이 모순을 가지고(모순의 보편성) 있기 때문입니다. 사물이 가지고 있는 내적 모순에 의해 운동이 일어나는 것이지요. 그런데 각각의 운동을 일으키는 모순이 서로 다르기 때문에(모순의 특수성) 모순에 의해 발생하는 운동의 형태도 서로 다르게 나타나는 것입니다. 즉 각각의 사물이 서로 다른 운동을 하는 것은 각각 특수한 모순을 가지고 있기 때문입니다. 예를 들어 달걀과 물에 열을 가해 봅시다. 그러면 달걀이 익어 단단해집니다. 그러나 물은 끓어서 수증기로 됩니다. 똑같이 열을 가했는데 달걀은 액체 상태에서 거의 고체에 가까운 상태로 되고, 물은 액체에서 기체 상태로 됩니다. 이처럼 달걀과 물의 운동 형태가 다른 것은 각각 그 내부에 서로 다른 특수한 모순을 가지고 있기 때문입니다. 그리고 각 사물의 내부에 있는 특수한 모순이 각 사물의 특수한 본질을 구성하는 것입니다.

그러면 각각의 운동 형태가 가지고 있는 특수한 모순이란 무엇일까요? 이에 대해 좀더 구체적으로 알아봅시다.

과학의 구분은 그 대상이 가지는 특수한 모순에 기초한 것입니다. 따라서 각 과학은 그 고유한 대상이 가지는 특수한 모순을 해명하고 그것을 이해하려는 것입니다. 전기라는 하나의 운동 형태는 양전기와 음전기라는 두 대립물의 통일, 즉 모순에 의해서 생깁니다. 전기를 연구하는 과학은 이러한 전기의 특수한 모순을 연구합니다. 전기를 포함한 모든 에너지의 운동 형태에 관한 연구만으로 전기의 본질과 그 운동 형태를 규명하는 것은 불충분합니다. 전기라는 운동 형태 자체를 분석해야 합니다. 전기의 일정량은 화학 반응을 불러일으킵니다. 이 경우 우리는 전기와 다른 새로운 법칙을 가진 새로운 대상에 직면합니다. 이러한 화학 반응에 관해 연구하는 과학이 화학이며, 화학은 원자의 화합과 분해에 관한 학문입니다. 따라서 화학의 특수한 모순은 원자의 화합과 분해라는 두 대립물의 통일이며, 이 모순에 의해 화학의 본질이 구성되고 화학이 다른 과학과 구별됩니다. 또한 수학의 경우에는 더하기와 빼기, 미분과 적분 같은 특수한 모순이 있고, 역학의 경우에는 작용과 반작용, 군사학의 경우에는 공격과 방어, 진격과 후퇴, 승리와 패배라는 특수한 모순을 각각 가지고 있습니다. 사회는 생산력과 생산관계라는, 다른 운동 형태들이 갖는 특수한 모순처럼 그만의 특수한 모순을 가지고 있습니다. 그렇기 때문에 사회의 운동 형태는 자연의 운동 형태나 인식의 운동 형태와 다른 특수한 본질을 갖습니다.

- **과정과 단계**

과정이란 일정한 모순에 의해 규정된 일정한 본질을 갖는 어떤 사물이 발생하고 발전하고 사멸해 가는 진행을 가리키는 말이다. 단계란 일반적으로 말해서 항상 무엇의 단계다. 이것을 무시해서 무엇의 단계인가를 명백히 하지 않고 단지 단계라고 말한다면 그것은 무의미할 뿐 아니라 잘못된 것이다. 따라서 과정과 단계라는 구별을 결코 고정적으로 이해해서는 안 되며, 과정과 단계라는 말을 함께 사용하는 경우에는 먼저 무엇을 과정으로 파악하는가를 명백히 해야 한다.

과정이란 동일한 근본 모순이 처음부터 끝까지 일관되게 존재하는, 발전의 한 부분을 가리키는 것이기 때문에 구체적인 사물을 파악하는 경우에 이 점을 염두에 두면 무엇을 과정이라고 불러도 좋다. 그리고 이 과정 속에서 단계가 구별된다.

그러므로 예를 들어 소비자 보호 운동의 관점에서 기업과 소비자 관계의 발전에 대해 이해하려고 하는 경우에 소비자 보호 단체의 결성까지를 하나의 과정으로, 결성 이후를 또 다른 하나의 과정으로 파악한다면, 각각의 과정에서 대기업과 소비자의 관계를 변화시키는 데 커다란 역할을 한 몇몇 중요한 사건을 기준으로 몇 개의 단계로 나누는 것이 가능할 것이다. 그런데 예를 들어 소비자 보호 단체가 결성된 이후에 어떤 대기업이 가격을 인상하자 이에 반대하여 벌인 불매 운동을 다루면서 그 불매 운동의 처음 준비부터 끝까지를 하나의 과정으로 파악한다면, 즉 앞의 방식에 따르면 하나의 단계에 지나지 않는 것을 하나의 과정으로 파악한다면, 이 불매 운동을 추진하는 데 중요했던 사건들, 예를 들면 피켓을 들고 시위를 했다든지, 소비자 대회를 열었다든지 하는 등의 사건을 기준으로 다시 몇 개의 단계로 나눌 수 있다.

이와 같이 과정과 단계의 구별은 고정적이 아니라 상대적이기 때문에 동일한 것이 그보다 커다란 과정에 대해서는 단계로 되고, 그보다 작은 단계에 대해서는 과정으로도 되는 것이다. 다만 무엇을 과정으로 파악하는 것이 그 사물을 이해하는 데 가장 알맞을까 하는 점을 잘 생각해야 한다. 왜냐하면 근본 모순이 바뀌지 않는 한 동일한 과정이 계속되고, 근본 모순이 해결되어 새로운 근본 모순이 생기면 과정이 변하기 때문이다. 따라서 구체적인 사물을 이해하려고 하는 경우에는 근본 모순이 무엇인가를 먼저 연구하고 그것을 정하고 나서 이 근본 모순에 의해 그 본질이 규정되는 과정이 어디서부터 어디까지인가를 생각하는 것이 올바른 순서다.

이처럼 각 사물의 운동 형태가 가지는 특수한 모순에 따라 각 사물에 특수한 본질이 구성되고 이로써 각 사물들이 질적으로 구별됩니다. 만약 각 사물의 내부에 있는 '모순의 특수성'을 인정하지 않는다면 우리는 사물을 구별할 수 없습니다. 어떤 사물에도, 즉 어떤 운동 형태에도 그 내부에는 자신만의 특수한 모순이 포함되어 있습니다. 이 특수한 모순이 어떤 사물을 다른 사물과 질적으로 구별되게 하는 특수한 본질을 구성합니다. 이것이 바로 세계에 존재하는 모든 사물이 각각 특수성을 갖는 이유이며 따라서 다른 사물들과 구별되는 이유입니다.

한편 동일한 과정*이라 하더라도 각각의 단계*에 따라 모순의 특수성이 나타납니다. 예를 들면 사회의 운동 형태라는 동일한 과정이라 하더라도 거기에는 각각 특수한 단계가 있습니다. 즉 사회는 원시 공동체 사회, 노예제 사회, 봉건제 사회, 자본제 사회라는 각각의 단계를 밟아 왔습니다. 물론 사회의 내적 모순은 생산력과 생산관계의 모순입니다. 하지만 이 모순은 각 단계의 발전에 따라 차이를 나타냅니다. 또한 똑같은 자본주의라 하더라도 그 단계에 따라 각각 특수한 성격을 갖는 자유경쟁 자본주의, 독점 자본주의**로 나뉩니다. 자본주의의 발전에 따라 각각의 단계에 특수성이 나타나는 것이지요.

그러면 동일한 과정에서 단계가 왜 생기는 것일까요?

각 사물의 과정에는 그 과정의 처음부터 끝까지 일관하여 존재하는 모순이 있습니다. 그리고 이 모순이 그 과정의 본질을 규정합니다. 이처럼 과정의 본질을 규정하는 모순을 근본 모순이라고 부릅니다. 근본 모순이 해결되면 그때까지의 과정은 끝나고 새로운 모순과 본질을 갖는 새로운 과정이 시작됩니다. 이를테면 노예 소유주와 노예의 통일이라는 모순은 노예제 사회의 근본 모순으로서 노예제 사회의 본질을 규정합니다. 그리고 노예제 사회의 근본 모순은 노예제 사회가 존재하는 한 결코 없어지지 않습니다. 한편 노예제 사회의 근본 모순인 노예 소유주와 노예의 모순이 해결됨으로써 노예제 사회가 끝나면 봉건제라는 새로운 모순과 본질을 갖는 과정이 시작됩니다. 봉건제 사회의 근본 모순은 영주와 농노의 모순으로서 노예제 사회의 근본 모순과 다릅니다. 이처럼 근본 모순이란 어떤 과정의 처음부터 끝까지 일관하여 존재하면서 그 과정의 본질을 규정하는 모순을 말합니다.

근본 모순은 시간이 지남에 따라 서서히 격화됩니다. 또한 근본 모순이 격화됨에 따라 근본 모순에 의하여 영향을 받거나 규정되는 다른 모순들이 격화되기도 하고, 새로운 모순이 발생하기도 합니다. 이리하여 동일한 과정이라 하더라도 단계가 생기는 것입니다. 물론 근본 모순에는 변함이 없지만 각 단계에 따라 근본 모순의 특성이 다르게 나타나는

** **독점 자본주의(제국주의)**
시민혁명과 산업혁명으로 뿌리를 내린 초기의 자본주의는 자유경쟁 자본주의였다. 하나의 상품에 다수의 생산자와 다수의 소비자가 있어서 상품의 가격이 수요와 공급의 법칙에 의해서 결정되었다. 그런데 1870년대 이후 자본의 집적과 집중을 통해 중공업, 철강업, 기계공업 등을 중심으로 독점화 경향이 나타나기 시작했다. 그리하여 소수의 거대한 자본이 한 산업을 장악해서 생산량을 마음대로 조절하여 높은 가격(독점 가격)을 통해 엄청난 이윤(독점 이윤)을 거두어들였다.
거대한 자본은 나아가 하나의 산업에 그치지 않고 여러 산업을 장악했으며 은행 자본과 결합하여 몇 개의 독점 자본이 한 나라의 경제를 장악하는 정도에 이르렀다. 이러한 자본주의를 독점 자본주의, 제국주의라 부른다.
이러한 독점 자본주의는 20세기 초에 이르러 영국, 프랑스, 독일, 미국을 중심으로 그 뿌리를 확고히 내린다. 국내에서 노동자를 비롯한 민중을 착취하여 거대해진 독점 자본은 그 손길을 발전이 더딘 후진국에 뻗쳐 값싼 원료와 노동력의 공급지, 남아도는 상품의 판매 시장, 자본의 투자처로 식민지화하였다.

것입니다. 그렇기 때문에 생산력과 생산관계라는 동일한 근본 모순을 갖는 사회라는 과정에 원시 공산제, 노예제, 봉건제, 자본제, 사회주의라는 각각의 단계가 생기는 것입니다. 이처럼 동일한 과정이라 하더라도 거기에는 각각의 단계가 존재하고, 그 각각의 단계는 다른 단계에 대하여 특수성을 가집니다.

이처럼 모순의 특수성은 과정에서의 특수성과 단계에서의 특수성이라는 두 가지 의미를 가집니다. 과정에서의 특수성이란 서로 다른 과정에는 질적으로 구별되는 근본 모순이 있다는 것을 뜻하며, 단계에서의 특수성이란 동일한 근본 모순을 갖는 동일한 과정이라 하더라도 각각의 단계에 따라 모순의 특수성이 나타난다는 뜻입니다.

이러한 모순의 특수성은 매우 중요한 의미를 가집니다. 모순의 특수성에 따라 그 해결 방법도 달라지기 때문입니다. 만약 우리가 각각의 사물이 갖고 있는 모순의 특수성을 고려하지 않는다면, 어떤 사물을 다른 사물과 구별할 수 없을뿐더러 다양하고 구체적인 현실 속에서 그에 맞는 올바른 해결책을 찾아낼 수도 없습니다.

우리나라의 근세 역사를 보면 이제마(李濟馬, 1837~1900)라는 사람이 있습니다. 이제마는 이른바 사상의학(四象醫學)의 창시자입니다. 사상의학은 독창적인 체질의학으로 평가되고 있습니다. 이제마는 자신의 저서 《동의수세보원(東醫壽世保元)》에서 다음과 같이 말했습니다.

인간은 천부적으로 오장육부(五臟六腑)의 허실(虛實)이 있고 사람마다 각기 체질이 다른 만큼, 그 체질에 맞는 약재를 써야 한다. 나는 이 진리를 옛 사람들에게 전해 온 저술과 내 자신의 오랜 경험과 연구를 통해 발견하였으며, 앞으로 내가 죽고 난 100년 뒤에는 반드시 이 사상의학이 사람들에게 널리 쓰일 것이다.

이제마가 사상의학을 창시하기 전의 의학은 ─ 동서양을 막론하고 ─ 인간을 획일적으로 간주하였습니다. 즉 인간이 체질적으로 동일하다는 것을 전제로 해서 질병을 치료했습니다. 그러나 이제마는 오랫동안 환자를 치료하고 연구한 결과, 사람에 따라 체질에 차이가 있다는 것, 체질에 따라 병의 진전이나 약에 대한 반응도 다르다는 것, 따라서 같은 질병이라 하더라도 사람의 체질적인 특성에 따라 치료 방법이나 사용하는 약재가 달라져야 한다는 것을 발견하였습니다. 그리하여 그는 인간의 체질적인 유형을 태양인(太陽人), 태음인(太陰人), 소양인(小陽人), 소음인(小陰人)으로 구분하고, 각 체질의 생리, 병리, 치료, 건강법을 연구함으로써 독창적인 체질의학, 곧 사상의학을 수립하였습니다. 말하자면 각 체질이 가지고 있는 모순의 특수성을 깊이 이해함으로써 질병의 치료와 의학의 발전에 크게 기여한 사례라 하겠습니다.

이제 보편성과 특수성은 과연 어떤 관계를 가지고 있는가에 대해 알아봅시다.

　먼저 주의해야 할 것은 보편성과 특수성이라는 구별이 절대적이지 않고 상대적이라는 점입니다. 즉 이것은 언제까지나 보편성이고 저것은 언제까지나 특수성인 것이 아니라, 보는 기준에 따라 보편성과 특수성이 달라진다는 말입니다.

　예를 들어 봅시다. 생물이 있고, 동물이 있고, 소가 있다고 합시다. 생물에는 동물과 식물이 있고, 또 동물과 식물 양쪽의 성질을 일부분씩 가지고 있어서 어느 한쪽으로 분류하기 어려운 것들도 있습니다. 따라서 생물이 포함하는 범위는 동물에 비해 넓습니다. 그러므로 생물은 동물에 대해 보편적이고, 동물은 생물에 대해 특수적입니다. 하지만 동물과 소의 경우를 생각해 보면, 동물은 소에 대해 보편적이고 소는 동물에 대해 특수적입니다. 왜냐하면 동물에는 소뿐만이 아니라 새, 물고기, 닭, 돼지 등이 속해 있어 소에 비해 그 포함하는 범위가 넓기 때문입니다. 이처럼 보편성과 특수성은 그 구별이 절대적이지 않고 상대적입니다.

　또한 우리가 염두에 두어야 하는 것은 보편성과 특수성이 서로 분리되어 독립적으로 존재하는 것이 아니라 서로 결합되어 있다는 점입니다. 이를테면 사과, 배, 귤, 복숭아 같은 특수한 과일의 외부에 그것과 별도로 과일이라는 보편적인 것이 존재하는 게 아니라, 사과, 배, 귤, 복숭아 같은 특수한 과일들이 모여 과일이라는 보편을 구성하는 것입니다. 즉 과일 일반이 따로 존재하는 것이 아닙니다. 사과, 배, 귤, 복숭아

등과 같은 각각의 특수한 과일에는 특수성과 보편성이 동시에 존재합니다. 즉 사과에는 사과로서의 특수성과 과일이라는 보편성이 동시에 존재하는 것입니다.

전국적인 조직을 갖는 단체의 회의에서 보편성의 차이 때문에 격렬한 논쟁이 일어나는 경우가 자주 있습니다. 이를테면 중앙의 조직이 국내외의 상황과 단체 내부의 여러 가지 상황을 고려하여 앞으로 이러이러한 방침에 따라 이러이러한 일을 해야 한다고 정책을 제안하는 경우에, 어떤 지방 조직에서 올라온 대의원이 자기 지방 조직의 실정을 말하면서 이런 실정에서는 제안된 정책을 실행하기 어렵다고 반대하는 경우입니다.

이런 경우에 언뜻 보면 보편성과 특수성이 정면으로 대립하고 그야말로 어느 한쪽이 이겨야만 해결이 날 것처럼 생각됩니다. 그러나 이렇게 생각하는 것은 잘못입니다. 먼저 중앙에서는 전국에 있는 모든 조직에 알맞은 일반적인 정책을 만들기 위해 잘 운영되는 지부의 실정과 상황이 좋지 못한 지부의 실정을 함께 고려해야 하고, 상황이 좋지 못한 지부가 이 정책을 과연 어느 정도 실행할 수 있을까 하는 문제까지도 생각해야 합니다. 그렇지 않고 상황이 좋은 지부만을 생각하여 일반적인 정책을 만들어 낸다면 그것은 전국의 모든 조직에 공통되는 성질(보편성)을 갖지 못할 것이기 때문에 잘못된 것입니다. 모든 지부의 특수한 사정(특수성)을 고려해서 일반적인(보편적인) 정책을 만들어 낼 때 비로소 올바른 정책이 나올 수 있습니다.

 한편 일반적인 정책을 논의하는 자리에서 한 지부의 대표가 그것이 자기 지부의 실정에 맞지 않는다고 해서 무조건 반대한다면 이 또한 잘못된 태도입니다. 그 정책이 전국적인 조직의 일반적 정책으로서 알맞은가 아닌가 하는 점에서 비판해야 하는 것입니다. 물론 전국 조직이라는 것이 별도의 조직으로 따로 있는 것이 아니라 각 지부가 합쳐진 것이므로, 많은 지부의 실정에 맞지 않아 일반적인 정책이 될 수 없다고 생각한다면 그런 정책에는 반대해야 합니다. 그러나 자신의 지부에 알맞지 않다고 하여 대부분의 지부에 알맞은 정책을 반대하는 것은 잘못된 태도입니다. 이럴 때는 그것을 일반적인 정책으로 받아들이고 자기 지부의 실정을 그 일반적인 정책에 맞추기 위해서 최대한 노력해야 합니다. 전체 조직의 이익(보편성)을 떠나 자기 지부의 이익(특수성)만을 살린다는 것은 있을 수 없는 일이기 때문입니다.

 이처럼 보편성과 특수성이 대립하는 형태로 나타난다면 그것은 둘 사이의 관계를 제대로 이해하지 못한 것입니다. 특수성을 떠난 보편성은 있을 수 없고 또 보편성을 떠난 특수성은 있을 수 없습니다. 보편성은 특수성을 배제하는 것이 아니며 특수성도 보편성을 배제할 수 없습니다. 보편성과 특수성은 상호 결합하여 존재하니까요.

예술가의 고민

다섯째 마디

앞에서 '모든 사물은 변화한다'라고 말했습니다. 그리고 변화의 근본 원인은 사물의 내부에 있는 내적 모순이며, 모순 관계의 두 대립물이 투쟁함으로써 변화가 일어난다고 했습니다. 사물의 변화를 일으키는 모순은 세계에 존재하는 모든 사물이 다 가지고 있습니다. 그러므로 우리는 '모든 사물은 변화한다'라고 말할 수 있습니다.

그런데 하나의 사물이 운동하는 과정을 살펴보면 거기에는 많은 모순이 포함되어 있습니다. 하나의 사물이라 하더라도 그 운동에 단지 하나의 모순만 있는 것이 아니라 여러 모순이 동시에 존재하고 있는 것입니다. 물론 어떤 특정한 사물은 다른 사물과 구별되는 특수한 본질을 가지고 있고, 이 본질은 그 사물의 특수한 모순에 의해 규정됩니다. 이처럼 어떤 사물의 특수한 본질을 규정하면서 그 사물의 운동에 처음부터 끝까지 일관되게 존재하는 모순을 '근본 모순'이라고 합니다. 근본 모순에 의해 그 사물의 운동이 갖는 본질과 성격이 규정됩니다. 그러나 그 사물의 운동 과정에는 이러한 근본 모순만 있는 것이 아니라 다른 여러 가지 모순이 포함되어 있습니다.

구체적으로 예술의 경우를 생각해 봅시다. 예술은 다큐멘터리 같은 사실 예술이든 소설 같은 공상 예술이든 간에 '대상 → 인식 → 표현'이라는 과정을 통해서 창작되며, 그 과정에 작가의 세계관이 반영됩니다. 예를 들어 고대의 미술 작품을 보면 날개 달린 말을 흔히 볼 수 있고, 중세의 예수 그림에는 머리 뒤로 빛이 나는 원이 그려져 있습니다. 작품에 그것을 만든 작가의 세계관이 반영된 것이며 동시에 그 시대의 세계관이 반영된 것입니다. 언어로 표현되는 문학의 경우에는 언어의 도움을 받고, 소리로 표현되는 음악은 소리의 도움을 받습니다. 미술, 문학, 음악 등의 예술 영역에 따라, 또한 작가의 세계관에 따라 각각의 예술에서 '대상 → 인식 → 표현'이라는 각 단계에 여러 가지 차이와 특수성이 생깁니다. 그러나 크게 볼 때 예술 작품은 그 배후에서 대상이 되는 세계와 작가의 인식, 표현이라는 세 단계를 거쳐서 창작됩니다.

예술에서 모순은 먼저 대상과 인식 사이에 존재합니다. 대상이 되는 세계는 공간과 시간의 제한을 받지 않고 매우 다양하지만, 인식은 개인의 육체적·정신적인 한계와 사회적 제약 때문에 유한합니다. 그리하여 무한한 대상과 유한한 인식이라는 두 대립물이 통일되어 있는 것입니다. 또한 인식과 표현 사이에도 모순이 존재합니다. 인식은 개인의 두뇌 활동을 통해서 얻어지며, 따라서 사적(私的) 성격을 가집니다. 즉 개인의 두뇌 활동을 통해서 얻어진 인식은 그대로 두뇌에서 빠져나와 다른 사람의 머릿속으로 전달될 수 없습니다. 작가의 인식을 다른 사람에게 전달하기 위해서는 표현되어야 합니다. 따라서 표현은 사회적인 성격을 가집니다. 여기에 사적 성격을 갖는 인식과 사회적 성격을 갖는 표현 사이의 모순이 존재하는 것입니다.

한편 작가의 인식이 표현된 것, 즉 작품과 감상 사이에도 모순이 존재합니다. 감상이란 작가가 체험한 것을 예술 작품을 통해 체험하는 것입니다. 이처럼 감상은 작가의 체험을 반복한다는 점에서 수동적이라고 말할 수 있습니다. 그러나 감상자가 작가의 체험을 반복하기 위해서는 자신이 이제까지 살아오면서 경험한 것에서 얻은 인식을 총동원하여 능동적으로 감상하지 않으면 안 됩니다. 따라서 감상이라는 과정은 수동적이면서 동시에 능동적입니다. 이것 역시 하나의 모순입니다.

예술이라는 하나의 과정에서 근본 모순은 구체적 사물을 통해 보편적인 세계를 나타내는 것입니다. 즉 특수한 사물을 통해 보편적인 것을 나타내는 것이지요. 유명한 미술가 피카소의 작품 중에 〈게르니카〉라는 것이 있습니다. 이 작품은 스페인 내란 당시에 독일군이 스페인의 게르니카를 폭격하여 마을이 처참하게 파괴되고 많은 사람이 목숨을 잃은 사건을 그림으로 표현한 것입니다. 이 작품이 위대한 작품으로 평가되는 이유는 전쟁의 피해를 입은 한 마을의 참상을 통해 전쟁의 공포와 죄악을 잘 표현했기 때문입니다. 일제 말기에 우리 민족시인 이상화는 일본의 강압에 억눌린 우리의 상황을 "지금은 들을 빼앗겨 봄조차 빼앗네

빼앗기겠네"라고 표현했습니다. 즉 당시의 참담한 상황을 우리의 들과 봄을 통해 구체적으로 표현한 것입니다. 이와 같이 예술의 근본 모순은 구체적이고 특수한 사물을 통해 보편적이고 일반적인 것을 표현하는 데 있습니다.

이처럼 예술의 경우 특수성과 보편성의 모순이라는 근본 모순 말고도 대상과 인식의 모순, 인식과 표현의 모순, 감상이라는 모순 등 여러 가지 모순이 존재하고 있습니다. 실제로 우리가 사물을 보는 경우에도 거기에는 근본 모순 단 하나만 있는 것이 아니라 그 밖에 여러 가지 모순이 포함되어 있습니다.

그런데 같은 예술 작가라 하더라도 사람에 따라 고민하는 문제가 각각 다릅니다. 어떤 사람은 표현 능력은 뛰어나지만 수많은 대상 중에서 무엇을 주제로 할 것인가 하는 문제로 고민합니다. 또 어떤 사람은 풍부한 생활 체험을 가지고 있어서 표현하려는 소재는 많지만 어떻게 표현하면 좋을까 하는 문제로 고민합니다. 즉 각자마다 가지고 있는 문제가 다릅니다. 예술이라는 동일한 작업을 하면서도 현실적으로 작가가 당면하고 또 당장 해결해야 하는 모순은 작가의 조건에 따라 다릅니다. 주제 때문에 고민하는 작가는 대상과 인식의 모순을 해결하는 것이 당면 문제이고, 표현 때문에 고민하는 작가는 인식과 표현의 모순을 해결하는 것이 당면 과제입니다.

이처럼 각자의 구체적 조건에 따라 당장 해결해야 하는 모순을 '주요 모순'이라고 부릅니다. 즉 주요 모순이란 많은 모순 중에서 우리를 가장 곤란하게 하고, 가장 먼저 해결할 필요가 있으며, 이 모순이 해결됨으로써 다른 모순도 해결되거나 해결하기 쉬워지는 모순을 말합니다.

중국 혁명의 경우를 생각해 봅시다. 19세기 후반 이후 중국은 크게 보아 커다란 사회적 모순 혹은 과제를 두 가지 안고 있었는데, 지주, 군벌 등을 중심으로 한 봉건제를 타파하여 근대화를 달성하는 것과 점차 압박을 가해 오기 시작하는 제국주의 열강의 침탈을 막아 내어 식민지화를 저지하는 것이었습니다. 전자의 과제를 반봉건(反封建)이라 하고 후자를 반제(反帝)라고 합니다. 사실 우리의 경우도 비슷한 시기에 중국과 마찬가지로 반제 반봉건의 모순을 안고 있었습니다.

중국 혁명은 1911년 신해혁명으로 그 봉화가 올랐는데, 중국 혁명에서 먼저 주요 모순으로 등장한 것은 반봉건 모순이었습니다. 물론 당시에 반제 모순도 존재했지만, 아직 제국주의 침략이 본격화하지 않은 조건에서 중국 민중을 가장 괴롭힌 것은 수탈과 억압을 일삼는 지주와 군벌 같은 봉건적 지배 계급이었기 때문입니다.

쑨원(孫文)의 지도에 따라 1911년에 우창, 광둥 등지에서 타오른 신해혁명은 만주족이 세운 청나라를 멸망시키고 한족을 중심으로 한 중화민국을 탄생시켜 민주공화 정치의 기초를 세우는 성과를 낳았으나, 그것은 미완의 혁명이었습니다.

신해혁명 이후 중국에는 크게 보아 두 개의 권력이 자리를 잡았는데,

그 하나는 쑨원 지도 하의 국민당이고, 또 하나는 이제 막 뿌리를 내리고 싹을 틔우기 시작한 공산당이었습니다. 국민당과 공산당은 1924년에 쑨원의 영도 하에 합작(1차 국공합작)을 이루어 반봉건이라는 과제를 해결하는 데 힘을 합쳤습니다. 국민당 군대는 국공합작으로 봉건 군벌을 몰아내기 위한 이른바 북벌(北伐) 전쟁에 나서, 1928년에 장제스(蔣介石)가 이끄는 국민당군이 베이징에 입성함으로써 북벌을 완료하였습니다. 그러나 쑨원이 사망하자(1925년) 그를 이어 국민당의 지도자가 된 장제스가 북벌 전쟁의 막바지였던 1927년에 이른바 상하이 사변이라는 반공 쿠데타를 일으켜 공산당을 적대시하고 탄압하는 정책으로 전환함으로써 1차 국공합작이 붕괴되었습니다.

  중국 공산당은 상하이 사변으로 큰 타격을 받고 도시 지역을 벗어나, 마오쩌둥(毛澤東)을 중심으로 뭉쳐 징강 산, 루이진 같은 농촌 지역에 근거지를 마련하고 세력을 확대해 나갔습니다. 그러나 1934년 10월에 장제스 군대의 지속적인 포위토벌 작전으로 위기에 처하자 그 유명한 이른바 대장정(大長征)에 나섰습니다. 대장정은 '장거리 정벌'이라는 뜻이지만, 실상은 공산당군이 국민당군의 포위망을 벗어나기 위해 근거지를 버리고 도망길에 나선 것으로, 공산당군은 1만 2000킬로미터에 이르는 행군을 감행하여 1935년 가을에 산시 성 북부의 옌안에 새로운 근거지를 마련하였습니다. 대장정 당시 공산당군이 넘은 산맥이 18개, 하루 평균 행군 거리가 38.5킬로미터, 거쳐 간 성(省)이 11개, 행군한 기간이

368일로, 출발할 때 병력이 8만 명이었는데 옌안에 도착한 병력은 3만 명에 불과했다고 합니다.

이처럼 국민당과 공산당이 내전을 벌이는 사이 중국의 정세는 급변하고 있었는데, 그 원인은 바로 일본 제국주의의 중국 침략이었습니다. 1931년 9월 18일에 만주사변을 일으켜 중국을 침략하기 시작한 일제는 그 후 중국 영토의 5분의 1, 철도 총연장의 40%, 삼림자원의 37%, 제철 및 철광업의 75%, 섬유산업의 절반 이상을 장악하면서 중국 대륙 전체를 위협하였고, 1937년에는 이른바 루거우차오 사건을 조작하여 중국과 전면전을 벌였습니다.

일제의 침략으로 국가의 운명이 풍전등화의 위기에 놓이자 중국 민중은 항일구국전쟁에 전 민족의 역량이 결집되기를 간절히 바랐으나, 장제스가 이끄는 국민당은 여전히 공산당 섬멸에만 전념하였습니다.

1935년 10월에 장제스는 일제에 의해 만주에서 쫓겨나 중국 서북 지방에 머물고 있던 장쉐량(張學良) 군대(동북군)를 시안 일대에 배치하였는데, 그 목적은 공산당군을 토벌하는 것이었습니다. 장쉐량은 장쭤린(張作霖)의 아들이고, 장쭤린은 본래 베이징 일대를 장악하고 있던 군벌이었습니다. 장쭤린은 장제스의 국민당군에 쫓겨 만주로 이동하였다가 만주 지배를 획책하던 일본군에게 살해되었습니다. 장쭤린을 살해한 일본군은 그 아들 장쉐량에게 일본의 만주 지배권을 인정하라고 강요하였으나, 장쉐량은 이를 거부하고 국민당 정부에 동참한 것입니다.

장쉐량의 군대가 시안에 배치될 당시 중국의 정세는 이처럼 전 민족, 전 민중이 힘을 합쳐 일제에 대항하지 않으면 나라의 운명 자체가 위태로운 상황이었고, 중국의 전 민중은 전국 방방곡곡에서 일대 구국운동을 일으켜 장제스에게 공산당을 토벌하던 병력을 항일전에 돌릴 것을 열화와 같이 요구하고 있었습니다.

이러한 가운데, 1936년 12월 7일에 장제스는 장쉐량의 동북군에게 공산당군 토벌을 독려하기 위해 시안행 비행기에 몸을 실었습니다. 그러나 시안의 장쉐량 군대는 공산당 토벌을 멈추고 항일전에 나설 것을 장제스에게 요구하였고, 장제스는 장쉐량을 항명으로 몰아 직위 해임하였습니다. 그러자 곧바로 장쉐량 휘하의 장교들이 장제스를 구금하였습니다(시안 사건).

장제스가 구금된 후 장쉐량군의 연락을 받고 시안에 도착한 공산당의 저우언라이(周恩來)는 장제스와 대면하여, 만약 국민당군이 공산당과의 내전을 중지하고 항일전에 나선다면, 그의 국가적 지도권을 인정하고 반드시 석방되도록 노력하겠다고 약속하였습니다. 중국 공산당은 시안 사건 이전에도 이미 "중국 민중이 당면한 근본 문제는 일본 제국주의에 대한 투쟁이므로 국민당 정부는 내전을 중지하고 공산당과 합작하여 일제와 싸워야 한다"라고 선언하여, 항일을 위한 2차 국공합작을 제안한 바 있었습니다. 이러한 가운데 위험을 무릅쓰고 시안으로 날아온 장제스의 부인 쑹메이링(宋美齡)도 장제스에게 항일전에 나설 것을 적극 권유하였습니다.

시안 사건은 20세기 중국 정치사에서 가장 극적인 사건일 뿐만 아니라 중국의 정세, 나아가 동아시아 정세를 근본적으로 바꿔 놓는 전환점이 되었고, 반제 모순이 주요 모순으로 등장한 정세 흐름에서 중국 민중이 올바른 해결의 길로 들어섰음을 알리는 사건이 되었습니다.

시안 사건 직후 공산당의 마오쩌둥은 항일공동전선을 결성하기 위해 ① 중국 공산당군[紅軍]을 해체하고 그 이름을 국민혁명군으로 바꾸어 장제스의 지휘 하에 둔다, ② 중국소비에트공화국을 해체하고 모든 권력 조직 및 기구를 국민당 정부에 이양한다, ③ 공산주의 선전을 완전히 중지한다, ④ 계급 투쟁을 중지한다고 발표하였습니다.

한편 석방되어 국민당 정부가 있는 난징으로 돌아간 장제스는 ① 내전 종결, ② 정치범 석방, ③ 연립정부 수립, ④ 쑨원주의 실시, ⑤ 민주적 개인 및 단체 활동의 자유 보장, ⑥ 대일공동전선의 결성을 발표하였습니다.

이렇게 해서 반제 모순을 해결하기 위한, 다시 말해 중국에서 일제의 침략을 막아냄으로써 식민지화를 저지하기 위한 국민당과 공산당의 합작(2차 국공합작)이 다시 한 번 이루어지고, 중국 민중은 항일구국전쟁에 전 민족의 역량을 결집할 수 있게 되었습니다.

일제는 결국 중국 민중의 결집된 역량 앞에 중국을 지배하려는 야욕을 실현하는 데 실패하였고, 1945년에 2차 대전의 종결과 함께 패망하였습니다. 일제가 패망한 후인 1946년에 2차 국공합작이 무너지고 다시 국공내전이 본격화하였는데, 국민당군은 우세한 장비와 병력, 압도적인 물자, 나아가 미국의 지원이 있었음에도 민중의 지지를 받은 공산당군에게 패배하여 1949년에 타이완으로 쫓겨 갔고 중국 대륙에는 공산당이 이끄는 '중화인민공화국'이 세워졌습니다.

이상에서 보듯, 19세기 후반부터 20세기 중반에 이르는 중국의 역사는 기본적으로 반봉건과 반제라는 두 가지 모순이 함께 존재했습니다. 그러나 중국 민중은 상황과 조건이 변화함에 따라 반봉건 또는 반제를 주요 모순으로 설정하고 이를 우선적으로 해결하기 위해 노력을 집중했습니다. 우리는 이를 통해 주요 모순을 올바로 설정하고 그것의 해결을 위해 노력을 집중하는 것이 얼마나 중요한가를 잘 알 수 있습니다.

이처럼 우리는 주요 모순을 생각함으로써 비로소 문제를 해결하기 위한 중심을 찾을 수 있습니다. 만약 우리가 모든 모순을 일시에 해결하려 한다면 노력이 분산되어 문제를 해결하기가 매우 어려워질 것입니다. 따라서 현재 상황에서 어떤 문제를 가장 먼저 해결해야 하는가를 생각해야 합니다.

주요 모순은 개인이나 사회, 국가, 민족 등 모든 경우에 존재하며 그 놓여 있는 조건, 당면한 단계가 변화함에 따라 바뀝니다. 조건이나 단계가 변화하면 근본 모순이 변화하지 않는다 하더라도 주요 모순은 변화하는 것입니다.

이처럼 주요 모순은 각각의 구체적 조건과 상황에 따라 변화하는 것이므로 우리는 주체적으로 생각해야 합니다.

전쟁과 부부 싸움

여섯째 마디

앞에서 우리는 문제를 해결하기 위한 노력과 실천의 중심을 찾기 위해서는 주요 모순을 정확히 찾아내야 한다고 말했습니다. 그러나 어쨌든 목적은 주요 모순을 찾는 것이 아니라 그것을 찾아서 해결하는 것입니다. 주요 모순만이 아니라 모든 모순이 그 해결을 요구합니다. 여기서 생기는 문제가 바로 모순의 해결, 즉 모순을 어떻게 해결하는가 하는 것입니다.

예를 들어 봅시다. 전쟁에서 적군과 아군의 모순은 어느 한 편이 다른 편을 물리쳐야만 해결됩니다. 이에 반해 부부 싸움에서 남편과 아내의 모순은 어느 한 편이 다른 편을 물리침으로써 해결되는 것이 아닙니다. 적군과 아군, 남편과 아내는 둘 다 모순 관계에 있지만 그 모순의 해결 방식이 다릅니다. 사실 남편과 아내의 모순은 어느 한 편이 다른 편을 물리치는 것이 아니라 남편은 남편의 역할을 다하고 아내는 아내로서의 역할을 다함으로써 서로 조화를 만들어 낼 때 비로소 해결됩니다.

그러면 모순을 해결하는 방식에 차이가 나는 것은 왜일까요? 그것은 전쟁이라는 모순의 두 측면인 적군과 아군의 관계가 적대적인 데 반해 부부라는 모순의 두 측면인 남편과 아내의 관계는 비적대적이라는 데 있습니다. 바로 이것이 모순을 해결하는 방식에 차이를 가져옵니다.

앞서 우리는 대립물의 통일이 모순이며 이러한 대립물의 투쟁을 통해 사물이 운동·변화한다는 것을 살펴보았습니다. 여기서 주의해야 할 것은 대립물이라고 했을 때의 '대립'이라는 말과 '적대'라는 말을 혼동해서는 안 된다는 점입니다. 사회적 모순에서 대립물의 관계는 적대적인 경우도 있고 비적대적인 경우도 있습니다. 대립물의 관계가 적대적인 경우에 그 모순을 적대적 모순이라 하고, 비적대적인 경우에는 비적대적 모순이라 합니다. 앞에서 예로 든 적군과 아군의 모순은 적대적 모순에 해당하고, 남편과 아내의 모순은 비적대적 모순에 해당합니다.

우리가 사회적 모순에서 적대적 모순과 비적대적 모순을 나누는 것은 바로 모순을 해결하는 방식에 차이가 있기 때문입니다. '적대적 모순'은 대립물의 투쟁을 통해 어느 한쪽이 다른 쪽을 극복함으로써 해결됩니다. 이에 반해 '비적대적 모순'은 어느 한쪽이 다른 쪽을 극복하는 것이 아니라 모순 그 자체를 실현함으로써 해결되며 여기서는 조화가 중요시됩니다. 전쟁의 경우에는 한 편이 승리하고 다른 한 편이 패배함으로써 모순이 해결되지만, 부부의 경우에는 남편과 아내라는 모순을 실현하는 것 자체가 모순이 해결되는 것이며 그렇게 되려면 남편과 아내가 조화를 이루어야 합니다. 모순의 극복과 실현, 이것이 적대적 모순과 비적대

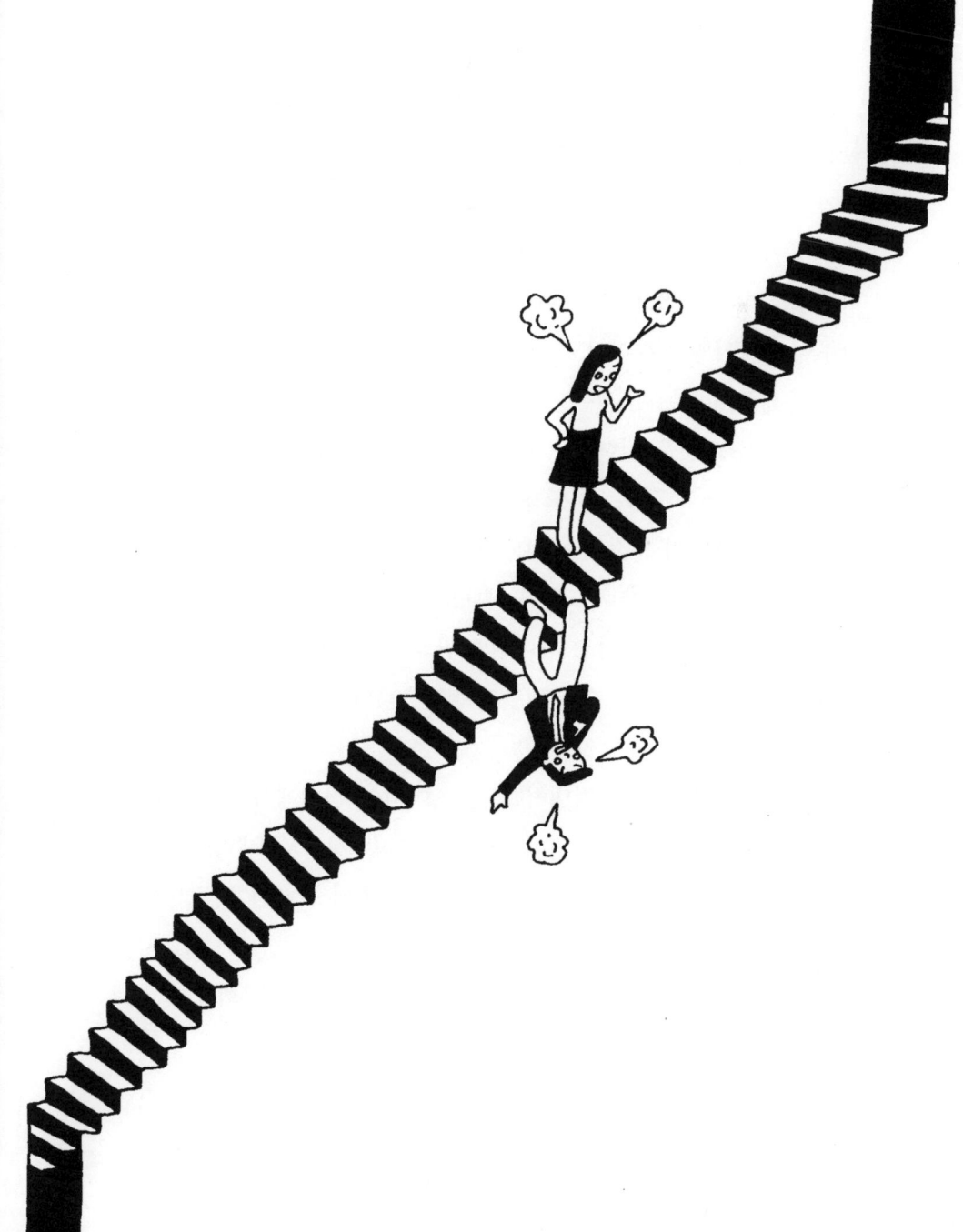

적 모순의 서로 다른 해결방식입니다.

'지도'라는 문제를 생각해 봅시다. '지도'는 사람들에게 작용하여 사람들을 일정한 방향으로 움직이게 하는 것입니다. 이러한 지도는 피지도와 뗄 수 없는 관계에 있습니다. 지도자는 피지도자와 통일될 때에만 비로소 존재할 수 있습니다. 자신이 아무리 이상적인 남편이 되고자 하더라도 결혼하지 않으면 결코 현실의 남편이 될 수 없는 것처럼, 자신이 아무리 지도자인 척하더라도 실제로 그에게 지도를 받아 움직이는 사람들이 존재하지 않는 한 그는 지도자가 아닙니다. 이와 같은 지도와 피지도의 모순은 그것을 실현하는 것 자체가 모순의 해결인 비적대적 모순입니다. 따라서 지도자는 지도자의 역할을 충실히 수행하고 피지도자는 지도에 따름으로써 모순이 해결되며, 그러기 위해서는 상호 협력과 조화가 중요합니다. 만약 지도자가 제대로 지도하지 못하여 지도자와 피지도자 간에 불신이 생기고 서로 비방만 하며 협력하고 단결하지 않는다면 지도와 피지도의 모순은 해결되지 않습니다.

그럼 적대적 모순과 비적대적 모순은 어떠한 관계에서 나타날까요? 적대적 모순은 주로 사회적 이해관계가 근본적으로 다른 세력들 사이에서 나타나며, 비적대적 모순은 근본적으로 공통된 이해관계를 가진 세력들 사이에서 주로 나타납니다.

사회가 지배 계급과 피지배 계급으로 나누어진 계급 사회에서 지배 계급과 피지배 계급 간의 모순은 적대적 모순에 해당합니다. 노예제 사회에서 노예 소유주와 노예의 모순, 봉건제 사회에서 영주와 농노의 모순, 자본제 사회에서 자본가와 노동자의 모순이 바로 그것입니다. 또한 제국주의 세력과 식민지 민중 사이의 모순 역시 적대적 모순에 해당합니다.

한편 자본주의에 반대하는 노동자 계급 내부의 모순, 제국주의에 반대하는 식민지 민중 내부의 모순은 모순을 실현함으로써 모순이 해결되는 비적대적 모순입니다. 예를 들어 식민지 사회의 노동자와 농민에 대해서 생각해 봅시다. 물론 노동자와 농민은 서로 여러 면에서 처지가 다릅니다. 하지만 둘 다 제국주의를 물리쳐야 한다는 공통된 이해관계를 갖고 있으므로, 식민지 사회의 노동자와 농민은 서로의 차이를 인정하면서 자신에게 주어지는 역할을 충실히 수행하고 서로 협력하고 단결하며 나아가 전 민중과 단결해야만 서로에게 공통된 목적을 성취할 수 있습니다.

이처럼 적대적 모순은 주로 사회적 이해관계를 근본적으로 달리하는 세력 사이에 나타나며 이는 모순의 극복에 의해서 해결되고, 비적대적 모순은 근본적으로 공통된 이해관계를 가진 세력 사이에 주로 나타나며 이는 모순의 실현에 의해서 해결됩니다.

그러나 적대적 모순과 비적대적 모순의 문제를 생각할 때 이 양자를 절대적으로 분리해서는 안 됩니다. 예를 들어 부부간의 모순은 비적대적 모순입니다. 하지만 부부간에 서로 타협하기 어려운 문제가 발생한 경우 이는 적대적 모순에 해당합니다. 따라서 한쪽이 다른 쪽을 극복함으로써 모순이 해결됩니다. 하지만 부부 사이의 모순은 본질상 비적대적 모순에 해당하므로 내부의 적대적 모순을 해결하는 방법은 부부간의 애정과 화목을 강화하는 방법으로 이루어야 합니다. 대화와 설득으로 상호간에 공감대를 형성하고 일치된 견해를 만들어 비 온 뒤에 땅이 굳어지는 것처럼 더욱 아름다운 사랑을 만들어 나가야 합니다.

이제까지 얘기한 것처럼 적대적 모순과 비적대적 모순은 현실에서 중첩되어 나타날 뿐만 아니라 서로 뒤바뀌기도 합니다. 따라서 모순을 해결하기 위해서는 모순을 구체적으로 파악하여 구체적으로 해결해야 합니다. ◎

넷째 마당

한 올의 실이 천이 되기까지

철학 에세이

낯께 마련 한 움을의 삶이 창이 되기까지

앞 마당에서 우리는 모든 사물이 변화하는 근본 원인에 대해 살펴보았습니다. 그렇다면 이러한 변화는 아무렇게나 일어나는 것일까요? 그렇지 않습니다. 모든 변화에는 일정한 법칙이 있습니다. 그러면 변화는 어떻게 일어나는 것일까요? 다시 말해 변화의 논리는 어떤 것일까요? 이번에는 이 문제에 대해 생각해 보기로 합시다.

옛날 우리 선조들은 베틀로 천을 짜서 옷을 지어 입었습니다. 베틀에 앉아 삼이나 목화 등으로 만든 가느다란 실을 가로세로로 짜서 천을 만드는 것입니다. 가느다란 실 하나를 천이라고 할 수는 없습니다. 그러나 우리 선조들은, 매우 어려운 일이지만, 실을 짜고 그 실 한 올 한 올로 천을 만들었습니다. 가느다란 실이 어떻게 천이 될까 하는 생각도 들지만 실을 가로세로로 계속 겹쳐 나가면 천이 됩니다. 그러면 실이 천으로 변화하는 것은 어떻게 해서일까요? 실이 한 올 두 올 계속 겹쳐지는 양적 변화를 통해서 천이라는 새로운 질적 상태에 도달하는 것입니다. 다시 말해서 양적 변화가 축적되어 질적 변화가 일어난 것이지요.

이런 예는 우리 주위에 많습니다. 물에 열을 가하면 물의 온도가 점점 올라갑니다. 그리하여 온도가 100℃에 이르면 물이 끓어서 수증기로 됩니다. 액체인 물이 기체라는 새로운 상태, 즉 수증기로 되는 것입니다. 이런 변화에서도 양적 변화가 질적 변화를 가져왔습니다. 즉 물의 온도가 점차 올라가는 양적 변화가 어느 순간에 이르러 수증기라는 새로운 질적 상태를 가져온 것입니다. 물을 분해하면 산소 원자와 수소 원자로 나누어집니다. 보통 우리가 호흡할 때 마시는 산소는 산소 원자 두 개가 결합해 만들어진 것입니다. 이 산소(O_2)는 냄새가 없는 기체입니다. 그러나 산소 원자 세 개가 결합하여 이루어진 오존(O_3)은 우리가 호흡하는 산소와 달리 독특한 냄새가 나며 살균력이 강합니다. 이 경우에도 산소 원자가 두 개에서 세 개로 변화함에 따라, 즉 양적 변화로 인해 산소와 전혀 다른 오존이라는 것이 생기는 질적 변화가 나타난 것입니다.

기체에 압력을 가하여 양을 변화시키면 액체로 변합니다. 즉 기체에서 액체라는 새로운 질적 상태로 변화하는 것입니다. 산소나 수소 또는 석유 생산의 부산물인 천연 가스에 압력을 가해 액화하여 통에 담아 판매하는 것을 주변에서 쉽게 볼 수 있습니다. 라이터에 쓰는 가스, 차에 쓰는 액화 석유 가스, 또는 부엌에서 쓰는 프로판 가스도 모두 이처럼 압력을 가해 양을 변화시키는 방법을 따른 것입니다.

선거의 경우를 생각해 봅시다. 유권자가 10만 명인 지역에서 국회의원을 뽑는데 유권자의 과반수 표를 얻어야 국회의원에 당선된다고 한다면, 국회의원이 되기 위해서는 5만 표보다 많이 획득해야 합니다. 한 국회의원 후보자가 한 표 한 표 득표해 드디어 5만 표가 넘는 순간, 그는 국회의원이 아닌 사람에서 국회의원으로 변화합니다. 5만 표를 얻어도 국회의원이 될 수는 없습니다. 5만 표가 넘는 순간의 그 한 표가 질적 변화를 일으키는 것입니다. 하지만 이 질적 변화는 한 표 한 표 얻어 나가는 양적 변화가 없다면 결코 일어나지 않습니다.

모르핀이나 코카인 같은 약품의 경우를 봅시다. 이러한 약품의 양이 인체에 미치는 영향을 조사해 보면, 일정량까지는 사람이 마시더라도 약효가 나타나지 않습니다. 그러나 어느 정도의 양이 되면 약이 되고, 약의 한계를 넘어서면 중독량이 되고, 그 이상이 되면 치사량에 이릅니다. 즉 어느 정도까지는 복용량을 늘려도 효능이 바뀌지 않지만, 일정량을 넘어서면 갑자기 그 성격이 변화하는 것입니다. 이것 역시 양적 변화가 질적 변화를 가져오는 예입니다.

이상의 예에서 알 수 있는 사실은 양적 변화가 질적 변화를 가져온다는 것입니다. 실을 한 올 한 올 짬으로써 실이 천으로 변화하고, 물의 온도가 점차 높아짐으로써 물이 수증기로 되고, 약의 양이 변화함에 따라 인체에 미치는 영향이 달라집니다. 이것을 철학 용어로 '양질 전화(量質轉化)'라고 하는데, 그 뜻은 '양은 질로 전화한다'입니다.

그렇다면 양적 변화란 무엇이고 질적 변화란 무엇일까요?

먼저 양적 변화란 '수량의 증감이나 장소의 이동'을 말합니다. 실을 겹쳐서 계속 짜는 것, 약을 복용하는 양의 증가, 온도의 증가 등을 가리킵니다. 질적인 변화는 곧 '상태의 변화'를 가리킵니다. 질이란 좀 어렵게 말하면 사물의 규정성을 가리키는데, 하나의 사물에는 일정한 규정이 있어서 그것에 따라 일정한 특징을 표현하며 그리하여 다른 사물과 구별됩니다. 쉽게 얘기하자면 사물의 상태를 가리키며, 질적 변화란 상태의 변화를 말합니다.

사물의 변화는 이처럼 양적 변화와 질적 변화 두 가지 형식으로 일어나며, 양적 변화와 질적 변화는 서로 독립해서 존재하는 것이 아니라 양적 변화를 통해서 질적 변화가 일어나는 뗄 수 없는 관계입니다. 따라서 양적 변화만을 생각하여 질적 변화를 잊는다든지, 양적 변화는 생각하지 않고 질적 변화만을 생각해서는 안 됩니다. 양적 변화와 질적 변화를 같이 파악해야 합니다.

양질 전화의 예로서 앞에서 주로 자연 현상을 들어 얘기했지만 양질 전화는 사회나 인식에서도 일어납니다.

한 개인이 아무리 열심히 해도 불가능한 일을 여러 사람이 집단을 만들어 조직적으로 하면 쉽게 해결되는 경우가 많습니다. 이것도 양질 전화의 한 예입니다. 여러 사람이 모여 집단을 이루어 함께 일하면 고립되어 있는 개개인의 힘을 합친 것과는 전혀 다른 새로운 힘이 생겨납니다.

이것이 바로 집단력입니다. 군대가 분대나 소대, 중대, 연대 등으로 집단을 이루어 전투를 하는 것은 바로 이러한 집단력을 얻기 위함입니다. 만약 군인 개개인에게 총을 주고 자기 마음대로 싸우라고 한다면 1000명으로도 조직적으로 대항하는 500명의 적군을 이기지 못할 것입니다. 과학이나 예술 같은 정신활동의 경우에도 집단력이 작용합니다. 개개의 학자나 예술가가 혼자 힘으로는 할 수 없던 일이 그룹이나 연구소를 조직하여 공동으로 연구하고 작업함으로써 가능해지는 경우가 자주 있습니다. 이러한 집단력, 즉 여러 사람이 집단을 만들어 조직적으로 활동함으로써 만들어 내는 힘은 단순히 그 집단 개개인의 힘을 합친 것과는 전혀 다른 것으로, 이것도 양질 전화의 한 예입니다.

동아리의 경우를 생각해 봅시다. 몇몇 사람이 모여 시작한 작은 동아리는 어느 시기까지는 처음부터 해 오던 방식대로 자유롭게 대화하고 토론하면 되지만, 동아리가 발전하여 모임에 참가하는 사람의 수가 이삼십 명을 넘어가면 여기에도 양질 전화가 일어납니다. 즉 이제까지 하던 방식대로 토론하면 한정된 시간 내에 모두가 발언할 수 없을뿐더러, 그러다 보면 얘기가 일부 사람에게 편중되고 나머지 사람들은 회의에 참가하는 의의를 발견하지 못해 불만을 갖게 됩니다. 또 사람 수가 늘어나면 사무적인 일도 많아지고 회원의 요구도 다양해져서 이전의 방식으로는 더 이상 동아리를 운영할 수 없게 됩니다.

이런 경우 어떤 지도자는 "모임에 불만이 있는 사람들은 나오지 않아도 좋다"라고 말합니다. 하지만 이런 생각은 잘못된 것입니다. 회원의 수가 늘어남에 따라 동아리에 질적인 변화가 생겨 이제까지의 방식으로는 동아리를 운영할 수 없게 된 것이니까요. 이 경우 동아리의 운영방식을 바꾸는 것이 올바른 태도입니다. 만약 이런 노력을 하지 않은 채 이전의 방식만 고수한다면 이것은 동아리의 발전을 가로막는 태도입니다. 이런 경우에는 이제까지 모든 회원이 한자리에 모여 같이 얘기하던 것을 몇몇 분과로 나누어, 각자 자기가 속한 분과에서 각자의 의견을 발표하고 토론하는 분과별 토론을 거친 뒤 분과별로 얻은 결론을 전체적으로 다시 얘기하는 방식이 좋습니다. 이처럼 동아리의 경우에도 양질 전화가 일어납니다.

인식의 경우는 어떨까요? 우리의 인식에서도 역시 양질 전화가 일어납니다.

'저것은 집이다'라고 우리는 생각합니다. 이때 집이라는 말은 하나의 개념입니다. 현실적으로 집에는 여러 가지가 있습니다. 호화 저택도 있고, 별장도 있고, 아파트도 있고, 판자집도 있고, 초가집도 있습니다. 똑같은 초가집이라 하더라도 각각의 초가집을 살펴보면 모양이나 구조가 모두 다릅니다. 설령 똑같은 설계도를 가지고 만들었다 하더라도 어딘가 조금씩은 다릅니다. 우리는 이런 모든 것을 묶어서 집이라고 부릅니다. 겉으로 볼 때 각각의 집들이 차이점을 가지고 있지만 이 모든 것을 집이라고 부르는 것입니다.

또 '화폐'라는 말이 있습니다. 화폐 역시 개념입니다. 현실적으로 화폐에는 매우 다양한 종류가 있습니다. 천 원짜리도 있고 십 원짜리도 있으며, 미국의 달러, 유럽의 유로, 중국의 위안, 일본의 엔, 심지어 고대 사회에서 화폐로 사용한 조개 껍데기도 있습니다. 이런 모든 것을 우리는 화폐라고 부릅니다. 각각의 돈을 살펴보면 크기나 모양, 그려진 그림이 다른데도 우리는 모두 화폐라고 부릅니다.

이처럼 개념은 각 사물의 겉으로 보이는 차이점을 파악하는 것이 아니라 그 내적 연관성, 내적 공통성을 파악하는 것입니다. 집의 경우에는 사람이 산다는 공통점을, 화폐의 경우에는 상품과 교환된다는 공통점을 파악하는 것입니다.

우리는 개념을 가지고 인식합니다. 만약 개념이 없다면 우리는 인식할 수 없습니다. '저것은 호랑이다'라고 할 때의 '호랑이' 역시 개념이며, '저것은 하얗다'라고 할 때의 '하얗다'도 역시 개념입니다. 왜냐하면 호랑이에도 여러 종류가 있고 또 호랑이마다 차이점을 가지고 있지만 그 공통점과 내적 연관성을 파악하여 '호랑이'라 부르는 것이고, '하얗다'라고 할 때의 하얀 것에도 현실적으로 여러 가지 흰색이 있지만 그 공통점을 파악하여 '하얗다'라고 말하기 때문입니다.

그렇다면 개념은 어디에서 오는 것일까요? 어느 날 하늘에서 갑자기 뚝 떨어진 것일까요? 아니면 머리가 아주 좋은 사람이 혼자서 만들어 낸 것일까요? 아닙니다. 개념은 하늘에서 온 것도 아니고, 머리 좋은 어떤 사람이 혼자서 만들어 낸 것도 아닙니다. 개념은 사회적 실천이 반복됨으로써 얻어진 것입니다.

화폐에 대해 생각해 봅시다. 화폐는 각기 모양이 다르지만 상품과 교환되는 것을 본질로 합니다. 무엇이든지 언제나 상품과 교환될 수 있는 것이라면 우리는 그것을 화폐라고 부를 수 있습니다. 이 '화폐'라는 개념이 생겨난 과정을 살펴보면, 먼저 모양이 각기 다른 돈이 사회 속에서 무수히 반복하여 상품과 교환되고 그러면서 그때마다 반복되는 하나하나의 행위가 우리에게 감각을 줍니다. 그런데 감각은 단편적일 뿐 종합적이지 않습니다. 이들 감각이 무수히 반복됨으로써 각각의 돈이 갖는 공통점, 즉 상품과 교환된다는 공통점이 드러나고, 그리하여 비로소 화폐라는 개념이 생긴 것입니다. '집'이라는 개념도 마찬가지입니다. 현실적으로 그 속에서 사람들이 사는 행위가 무수히 반복됨으로써 각각의 차이점을 갖는 건축물들이 어떤 공통점을 갖는다는 것이 인식되어 거기서 '집'이라는 개념이 생겨난 것입니다. 이때 들어가 산다는 개별적 행위가 우리에게 제공하는 것은 '저 속에는 사람이 산다'라는 감각일 뿐이며, 이것이 곧바로 집이라는 개념으로 되지는 않습니다. 그러한 사회적 실천(사람이 사는 행위)이 반복되고 이에 따라 감각이 반복됨으로써 비로소 집이라는 개념이 생기는 것입니다.

이처럼 우리가 인식하는 데 없어서는 안 되는 개념은 사회적 실천을 통해 감각이 반복됨으로써 생깁니다. 즉 감각의 반복이라는 양적 변화를 통해서 개념의 형성이라는 질적인 변화가 일어나는 것입니다. 인식의 경우에도 이와 같이 양질 전화가 일어납니다.

지금까지 본 바와 같이 변화는 아무렇게나 일어나는 것이 아니라 나름의 법칙성을 가지고 있습니다. 즉 양적 변화를 통해서 질적 변화가 일어납니다. 그리고 양적 변화와 질적 변화는 서로 뗄 수 없는 관계에 있습니다. 따라서 양적 변화만을 생각한다든지 혹은 질적 변화만을 생각해서는 안 되며, 양적 변화와 질적 변화를 같이 생각해야 합니다.

그런데 양적 변화는 인정하지만 질적 변화는 인정하지 않는 견해가 있습니다. 이 견해는 이 세계에 존재하는 모든 변화는 양적 변화, 즉 수량의 증감이나 장소의 이동일 뿐이며, 새로운 상태의 출현, 즉 질적 변화는 없다는 것입니다.

확실히 기계의 운동은 이러한 양적 변화입니다. 피스톤이 움직인다든지 기어가 회전한다든지 하는 운동은 피스톤의 위치가 변하거나 기어의 회전수가 증가하는 변화입니다. 그러나 범위를 넓혀서 원동기(모터) 등을 생각해 보면 이런 방식으로 사물을 보는 것은 잘못임을 알 수 있습니다. 전기 모터는 전기 에너지를 운동 에너지로 바꿉니다. 이러한 변화는 수량의 증감이나 장소의 이동과 다른 변화입니다. 즉 질적 변화입니다. 그러므로 양적 변화만을 인정하는 입장에 서는 경우에는 사물을 올바르게 파악할 수 없습니다.

 이상에서 우리는 양적 변화를 통해서 질적 변화가 일어난다는 것을 알았습니다. 그렇다면 양질 전화는 왜 일어나는 것일까요? 이 문제에 대해서 생각해 보기로 합시다.
 우리는 앞서 모든 변화의 근본 원인이 사물의 내적 모순이라고 말했습니다. 양질 전화라는 것은 변화가 어떻게 일어나는가 하는 문제에 대한 법칙이므로, 당연히 양질 전화도 사물의 모순으로 설명할 수 있어야 합니다.
 앞서 우리는 모순이란 대립하는 두 사물의 통일이라고 말했습니다. 모순에는 대립하는 두 사물이 있는 것입니다. 이때 대립하는 두 사물을 모순의 측면이라고 말합니다. 즉 물 분자의 응집력과 분산력은 물이 수증기나 얼음으로 변화하는 근본 모순의 두 측면인 것입니다. 상품이 갖는 모순의 두 측면은 사용 가치와 교환 가치입니다.
 모순의 두 측면 중 주도적인 역할을 하는 것을 주요한 측면이라 하고 그렇지 않은 것을 부차적 측면이라고 합니다. 그리고 모순의 주요한 측면에 의하여 사물의 성질이 결정됩니다. 앞에서 본 것처럼 응집력이 주요한 측면인 경우에는 물이 얼음으로 되고, 분산력이 주요한 측면인 경우에는 수증기로 되는 것입니다. 공부의 경우를 생각해 봅시다. 앞에서 우리는 공부란 자신의 무지에 대한 의식과 이를 극복하려는 의지의 투쟁이라고 말했습니다. 이때 만약 무지가 주요한 측면이면 그 사람은 무식한 사람인 것이며, 지식이 주요한 측면이면 그는 학식 있는 사람인 것입니다. 사실 절대적으로 무식한 사람도 없고 절대적으로 모든 것을 다 아는 사람도 없습니다. 누구나 자신이 아는 것과 모르는 것을 가지고 있습니다. 그러나 그 중 어느 쪽이 주요한 측면인가에 따라 무식한 사람인가 학식 있는 사람인가가 결정되는 것입니다. 이처럼 사물이 가지고 있는 모순의 주요한 측면에 의하여 그 사물의 성질이 규정됩니다.

그런데 이러한 주요한 측면과 부차적 측면은 언제까지나 고정되어 있는 것이 아니라 상호 전화합니다. 전에는 주요한 측면이었던 것이 부차적 측면으로 되고 부차적 측면이었던 것이 주요한 측면으로 됩니다. 무식한 사람이 공부를 하여 유식한 사람으로 되는 것은, 주요한 측면이었던 무지가 부차적 측면으로 되고 지식이 주요한 측면으로 되었다는 것을 의미합니다.

이것은 모순의 각 측면이 불균등하게 발전한다는 것을 의미합니다. 만약 각 측면이 균등하게 발전한다면 한번 주요한 측면이 된 것은 언제까지나 주요한 측면으로 있을 것입니다. 이는 곧 사물의 성질이 변화하지 않는다는 뜻이며 결국 사물은 변화하지 않는다는 말입니다. 예를 들어 물의 주요한 측면이 항상 응집력이라고 한다면 언제까지나 얼음 상태일 것이며 절대로 물이나 수증기는 될 수 없습니다.

그러나 각 측면의 발전은 불균등하게 이루어지기 때문에 대립물의 상호 전화, 즉 주요한 측면이 부차적 측면으로 전화하고 부차적 측면이 주요한 측면으로 전화하는 현상이 일어납니다. 무식하던 사람이 공부를 열심히 해서 유식한 사람으로 되었다면, 이것은 무지와 지식이라는 두 측면 중 지식이라는 측면의 발전이 무지라는 측면의 발전보다 훨씬 빠르게 일어나 지식이라는 측면이 주요한 측면으로 되었기 때문입니다.

  역사를 살펴보면 봉건제 사회는 자본제 사회로 변화하였습니다. 봉건제 사회는 영주와 농노라는 기본적인 두 계급으로 이루어졌으며, 영주는 농노의 노동에 의해 살았습니다. 영주가 농노에게 여러 가지 제약을 가했기 때문에 농노는 마음대로 거주지를 옮길 수도 없었고 강제로 일을 해야 했습니다. 그러나 봉건제도가 진행됨에 따라 농노 중에서 조금씩 돈을 모아 농기구 같은 것을 만들어 파는 사람이 생겨났습니다. 이런 사람들이 자본가의 초기 형태입니다. 즉 봉건제 사회 내부에 자본제 사회의 요소가 생긴 것입니다. 시간이 흐르자 봉건제 사회는 자본가가 상품을 만들어 이윤을 얻는 데 여러 가지로 방해가 되었습니다. 마음대로 거주지를 옮길 수도 없고 영주에게 세금을 내야 하는 등 방해되는 일이 많았습니다. 그리하여 점차 힘이 강해진 자본가들은 시민혁명 — 예컨대 영국의 청교도 혁명과 명예 혁명, 프랑스 대혁명, 미국 독립 혁명 등 — 을 일으켜 봉건제 사회를 무너뜨리고 자본제 사회를 만들었습니다. 이 경우 자본제 사회의 요소가 나타나고 있는 봉건제 말기는 아직까지 봉건제적 요소가 주요한 측면이기 때문에 여전히 봉건제 사회이며, 그 후 부차적 측면이었던 자본제적 요소가 주요한 측면인 봉건제적 요소보다 훨씬 빨리 발전하여 주요한 측면이 됨으로써 자본제 사회가 온 것입니다.

이처럼 모순의 두 측면은 불균등하게 발전합니다. 그래서 대립물의 상호 전화가 가능해집니다. 즉 부차적 측면이 주요한 측면으로 전화하고, 주요한 측면이 부차적 측면으로 전화하는 것입니다.

그러면 어떤 기준에 의해서 모순의 두 측면 중 어느 것이 주요한 측면인지가 결정될까요? 모순의 두 측면은 투쟁하는 힘의 증가와 감소에 의하여 결정됩니다. 얼음의 경우 응집력이 주요한 측면인 것은 응집력의 힘이 분산력의 힘보다 크기 때문이고, 유식한 사람의 경우에는 무지와 지식이라는 두 측면 중 지식이라는 측면의 힘이 더 크기 때문입니다. 봉건제 사회에서도 봉건제 사회라는 측면의 힘이 자본제 사회라는 측면의 힘보다 강하기 때문에 봉건제 사회라는 측면이 주요한 측면으로 되는 것입니다.

이러한 대립물의 상호 전화가 바로 앞에서 말한 질적 변화이며, 양질 전화란 대립물이 상호 전화하는 과정을 나타냅니다. 즉 전에는 부차적 측면이던 것이 투쟁력이 증가하면서 주요한 측면으로 되고, 주요한 측면이던 것이 부차적 측면으로 되는 것이 바로 대립물의 상호 전화이자 동시에 질적 변화이며, 양질 전화는 이러한 변화의 과정을 나타내는 것입니다. 이처럼 양질 전화가 일어나는 것도 그 근본 원인은 사물이 가지고 있는 모순, 즉 대립물의 통일이며, 이 대립물이 서로 투쟁함으로써 이러한 변화가 일어납니다.

중국의 고사 성어에 '우공이산(愚公移山)'이라는 말이 있습니다. 글자 그대로의 뜻은 '어리석은 사람이 산을 옮긴다'라는 것이지요. 이 말이 나오게 된 배경을 살펴보면 다음과 같습니다.

옛날 중국의 북산이라는 곳에 우공(愚公)이라는 노인이 살고 있었습니다. 그의 나이는 이미 90세에 가까웠습니다. 그런데 이 노인이 살고 있는 북산에는 태항산과 왕옥산이라는 높은 산이 있어서 교통이 매우 불편했습니다. 그래서 우공 노인은 집안 사람들을 모아 놓고 다음과 같이 말했습니다.

"나는 너희들과 힘을 합해 산을 평평하게 만들어 예주의 남쪽까지 곧장 길을 내고, 또 한수의 남쪽까지 갈 수 있도록 하고 싶은데 너희들의 의향은 어떠냐?"

이 말에 모두들 찬성했으나 우공의 부인만은 실현 가능성이 없다고 생각하고 다음과 같이 말했습니다.

"당신 힘으로는 조그마한 언덕 하나도 파내기가 어려울 텐데 태항산이나 왕옥산 같은 높은 산을 어떻게 하겠다는 거예요. 게다가 파낸 흙과 돌은 어디다 치우죠?"

이 말에 다른 사람들은 다음과 같이 말했습니다.

"그 흙이나 돌은 발해의 해변에 버리면 되잖아요."

이리하여 마침내 모든 사람이 찬성했습니다. 우공은 세 아들과 손자들을 동원하여 돌을 깨고 흙을 파서 삼태기나 광주리에 담아 발해까지 운반하기 시작했습니다. 이웃에 사는 과부의 아들도 이를 알고 대단히 기뻐하면서 이 일에 가담했습니다. 이 아들의 나이는 겨우 7, 8세 정도여서 발해까지 일 년에 한 번 왕복할 수 있을 뿐이었습니다.

그러자 황해 근처에 사는 지수라는 사람이 이것을 보고 비웃으며 우공에게 충고했습니다.

"당신의 어리석음도 대단합니다. 살 날이 얼마 남지 않은 당신 힘으로는 산모퉁이 한 곳 파내기도 어려울 텐데 이런 큰 산의 흙과 돌을 어떻게 하자는 겁니까?"

그 말을 들은 북산의 우공은 지수를 딱하게 여기는 듯 탄식하면서 다음과 같이 대답했습니다.

"자네같이 천박한 사람은 도저히 알 수 없을 것이네. 자네의 지혜는 저 과부의 아들놈에게도 미치지 못하네, 알겠나? 비록 내가 살 날이 얼마 남지 않았다 하더라도 내가 죽으면 아들이 남고, 아들은 손자를 낳고, 손자는 또 그 아들을 낳고, 그 아들에 또한 아들과 손자가 생기고 하여 자자손손 끊이지 않을 것이네. 그러면 언젠가는 산이 평평해질 날이 반드시 올 것이 아닌가."

지수는 이 말을 듣고 깜짝 놀랐습니다. 그러나 더욱 놀란 것은 두 산을 지키는 신령이었습니다. 자자손손 사람이 끊이지 않고 계속해서 산을 파내면 도저히 견딜 수 없겠기에 두 산을 지키는 신령은 그 사정을 천제(天帝)에게 호소했습니다. 천제는 우공의 우직함에 감동하여 힘의 신을 시켜 태항산과 왕옥산을 다른 곳으로 옮기도록 했습니다.

이리하여 '우공이산'이라는 말이 생긴 것입니다. 물론 이 얘기는 실제로 있었던 일이 아니라 누가 지어낸 것입니다. 하지만 이 말에 숨어 있는 뜻은 우리가 간직할 만합니다. 즉 아무리 어렵고 어마어마한 일이라 하더라도 조금씩이나마 계속해 나가면 언젠가는 그 일을 해결할 수 있다는 것입니다.

양질 전화에서 양적 변화만을 생각하여 우공의 처나 지수같이 해결할 수 없다고 생각한다든지, 혹은 질적 변화만을 생각하고 양적 변화는 무시해서 꾸준히 노력하지 않은 채 일거에 모든 일을 해치우려는 태도는 잘못된 것입니다. 질적 변화는 양적 변화를 통해서 일어나기 때문입니다.

다섯째 마당

뒤팡의 잃어버린 편지 찾기

철학 에세이

다섯째 마당 튀빙의 잃어버린 편지 찾기

에드거 앨런 포(Edgar Allan Poe, 1809~1849)는 시인이며 괴기 소설 작가로서, 또한 탐정 소설의 창시자로서 매우 유명한 사람입니다. 그가 쓴 탐정 소설 중에 《잃어버린 편지》라는 작품이 있는데 이 소설의 내용은 다음과 같습니다.

사건은 프랑스 왕궁에서 시작됩니다. 간교한 D대신은 귀부인의 테이블 위에 놓여 있는 편지가 비밀 편지라는 것을 알아차리고 자신의 편지와 슬쩍 바꿔치기하여 가지고 가 버립니다. 귀부인은 그 사실을 알면서도 함께 있는 사람들이 그 편지에 대해 알 것이 두려워 아무 말도 하지 못합니다. D대신은 자기가 움켜쥔 편지를 빌미로 하여 정치적인 권력을 휘두르기 시작합니다. 귀부인으로서는 어떻게 해서라도 편지를 다시 찾아야만 했습니다. 그래서 귀부인은 G경시총감에게 편지를 찾아오라는 명령을 내립니다. 비밀 명령을 받은 G경시총감은 편지가 D대신의 집안에 있을 것이라고 생각하고 집을 철저하게 수색합니다. 그러나 편지는 발견되지 않습니다. 총감이 그 집 구석구석을 다 뒤지고 심지어는 천장

속, 벽까지도 조사하지만 결국 편지는 발견되지 않습니다. 곤경에 처한 경시총감은 잘 알고 지내던 뒤팡이라는 청년에게 사정을 이야기하고 도움을 청합니다. 그러자 뒤팡은 편지가 숨겨진 장소를 금방 알아내어 편지를 찾아 돌려줍니다. 편지는 누가 와서 보더라도 금방 눈에 띄는 곳에 있었습니다. 방의 난로 앞에 있는 편지함 속에 아무렇게나 놓여 있었던 것입니다.

편지를 받아 든 경시총감이 돌아가자, 뒤팡은 함께 살고 있는 친구에게 총감이 취한 방식에 대해서 얘기해 줍니다.

"총감이 취한 방법은 그러한 종류의 수사 방법 중에서 아주 훌륭한 것이었을 뿐 아니라 완전무결하게 실행되었다네. 만약 편지가 그들의 수사 범위 안에 놓여 있었다면 그들은 곧 편지를 발견했을 거야. 그러나 그들이 취한 방법의 결점은 그 방법이 이 사건과 사건의 범인에게는 알맞지 않았다는 점이지. D대신이 매우 교묘한 방법으로 편지를 감춰 두었는데도, 총감은 프로크루스테스의 침대처럼 자신의 수사방식에 무리하게 뜯어 맞추려 했다네. 그는 언제나 자신이 맡은 사건에 관해 너무 깊게 생각한다든지 혹은 너무 가볍게 생각하기 때문에 실패하는 것이라네."

프로크루스테스는 그리스 전설에 나오는 도적입니다. 그는 사람을 잡으면 쇠침대에 눕혀 놓고 키가 침대보다 클 때에는 그 튀어나온 부분을 자르고, 침대보다 작을 때에는 키를 억지로 늘여서 침대와 같은 길이로

만들어 죽였다고 전해집니다.

그러면 어떤 것이 올바른 방법일까요? 뒤팡은 아이의 경우를 예로 들고 있습니다.

"나는 여덟 살쯤 되는 한 아이를 알고 있는데, 이 아이는 '홀짝 게임(홀수인지 짝수인지 알아맞히는 게임)' 솜씨가 훌륭해서 사람들에게 칭찬을 받았다네. 이 게임은 유리 구슬로 하는 간단한 것이라네. 한 사람이 유리 구슬 몇 개를 손에 쥐고 상대방에게 그 개수가 홀수인가 짝수인가를 묻는 것이지. 만약 알아맞히면 맞힌 쪽이 하나 가져가고 틀리면 문제 낸 사람에게 하나를 주는 것이라네. 그런데 이 아이는 학교에 있는 아이들의 유리 구슬을 모두 따 버릴 정도였다네. 물론 이 아이는 알아맞히는 법칙을 알고 있었던 것이지. 그것은 다른 것이 아니라 상대방의 약삭빠름을 잘 관찰하여 그 행동을 예측하는 방법이라네. 예를 들어 이 영리한 꼬마가 아주 바보 같은 아이가 손에 쥐고 있는 유리 구슬 개수를 맞춰야 하는데 처음에 '홀수'라고 대답해서 졌다면, 이제 두 번째부터는 거의 이길 수 있다네. 그 꼬마는 이렇게 생각하는 것이지. '이 멍청이는 처음에 짝수를 가지고 이겼기 때문에 이놈의 영리한 정도로 봐서 두 번째에는 홀수를 잡을 것이다. 그러니 홀수라고 대답하자.' 그래서 이기는 것이라네. 똑같은 상황인데 상대방이 좀더 영리한 경우라면 그 꼬마는 이렇게 생각하지. '이놈은 내가 처음에 홀수라고 말했기 때문에 두 번째에는 곧 앞의 멍청이처럼 간단하게 짝수에서 홀수로 바꾸려고 할 것이다. 하지만 다시 생각해 보고는 그건 너무 간단한 방법이라고 생각하고 결국 첫 번째와 같은 짝수를 잡기로 결정할 것이다. 그러니 짝수라고 대답하자.' 그래서 또 이기는 것이라네. 이리하여 친구들에게 '운이 좋다'는 말을 듣는 것이라네. 그렇다면 이 방법은 무엇을 의미하겠는가?"

뒤팡의 친구는 다음과 같이 대답합니다.

"그것은 단지 추리자의 지적 수준을 상대방의 지적 수준에 합치시키는 정도 아닌가?"

"그렇다네. 나는 그 아이에게 어떻게 성공의 열쇠인 상대방과의 합치를 이뤄 낼 수 있었는가 물었더니, 그 아이는 이렇게 대답하였네. '저는 상대편이 어느 정도 현명한가, 어느 정도 멍청한가, 어느 만큼 착한 사람인가, 어느 정도 나쁜 사람인가, 또 그때 그 사람의 생각이 어떤가를 알고 싶으면 제 얼굴 표정을 그 친구의 표정과 할 수 있는 한 똑같이 만듭니다. 그러고서 제 마음속에 일어나는 생각이나 기분을 알아보는 것입니다.' 이 아이의 대답은 매우 깊은 뜻을 지니고 있다네. 총감 같은 사람들이 그렇게 자주 실패하는 것은 첫째, 이러한 합치를 못 이루기 때문이고, 둘째로 상대방의 지적 수준을 잘못 생각하는 징도가 아니라 생각도 하지 않기 때문이라네. 그들은 단지 자기들 생각만을 하고 있지. 그리고 감추어진 물건을 수사하기 위해 자신이 그 물건을 숨긴다면 이러한 방법으로 했을 것이라는 점만 생각하고 자신들의 방법만을 고집하는 것이지. 자신들의 지적 수준이 보통 사람의 수준과 같다면 그들의 방식은 성공할 수 있을 것이네. 하지만 그들의 지혜와 매우 간교한 어떤 사람의 지혜가 그 성질이 다른 경우에는 실패하고 말 걸세. 이것은 상대방의 지혜가 자신들 이상인 경우에는 물론이고 그 이하인 경우에도 그럴 걸세."

여기서 뒤팡이 주장하는 바의 핵심은 '인간이 성공하기 위해서는, 즉 예상한 결과를 얻기 위해서는 자신의 생각을 객관적인 외계의 법칙성에 합치시켜야 한다'는 것입니다. 총감은 자신을 기준으로 하여 상대방을 생각하는 주관주의에 빠져 있었던 것입니다. 구체적인 사물 개개의 특수성을 고려하여 어떻게 하면 자신의 생각과 상대방의 생각을 합치시킬 수 있는가를 생각해야 하는데, 총감은 이러한 과정을 잊고 있었던 것입니다. 뒤팡은 총감과 달리 D대신의 지혜 수준을 정확하게 파악하여 편지가 숨겨진 장소를 추리했습니다. 그리하여 편지를 쉽게 찾을 수 있었습니다.

"지도 위의 글자를 찾는 놀이가 있네. 한 사람이 상대방에게 지도 위에서 어떤 말 — 도시 이름, 강 이름, 나라 이름 또는 지도 위에 쓰여 있는 어떤 말이라도 — 을 찾으라고 하는 것이지. 이 놀이를 처음 해 보는 사람은 대부분 아주 조그만 글씨로 쓰여 있는 이름을 말해서 상대방을 곤란하게 만들지. 그러나 이 놀이를 많이 해 본 사람은 지도의 이 끝에서 저 끝까지 커다랗게 쓰여 있는 말을 선택한다네. 그런 글자는 매우 크게 쓰여 있어서, 너무 커다란 간판 글씨는 그냥 지나쳐 버리는 정신적 부주의처럼 쉽게 눈에 띄지 않는다네. 총감은 D대신이 그 편지를 누구의 눈에도 띄지 않도록 그것을 찾는 사람의 바로 코앞에다 놓거나 혹은 놓을지도 모른다는 생각을 한 번도 하지 않은 것이지. 그러나 나는 D대신의 대담한 성격과 영리한 머리를 생각해 보고 그가 그 서류를 유효하게 사용하려면 그것을 항상 손 닿는 곳에 놓아두었을 것이며, 그것이 총감의 수사 범위 안에 들어 있지 않았다는 결정적인 사실을 고려하여 대신이 그 편지를 전혀 숨기려고 하지 않는 것 같은 교묘한 방법으로 숨겼으리라고 생각했다네."

이러한 뒤팡의 추리는 적중했습니다. 총감이 석 달이나 필사적으로 수사했는데도 찾지 못한 문제의 편지를 뒤팡은 그 집을 단 한 번 방문하고서 찾아낸 것입니다. 그것은 쉽게 눈에 뜨이는 곳에 있었습니다. 봉투만 바뀐 채 난로 앞에 놓여 있는 편지함 속에 보통 편지들처럼 들어 있었던 것입니다.

편지를 찾는 데 실패한 경시총감의 사고방식과 편지를 쉽게 찾아낸 뒤팡의 사고방식에는 어떤 차이점이 있을까요? 그것은 경시총감이 상대방을 고려하지 않은 채 자기가 주관적*으로 생각한 것이 실제로도 그대로 들어맞을 것이라고 생각한 데 반해, 뒤팡은 자신을 일단 상대방에게 합치시킨 후 다시 본래의 수사하는 입장으로 돌아와서 편지를 찾아낸 데 있습니다. 경시총감의 사고방식은 어디까지나 '자신 → 자신'인데 비해 뒤팡의 사고방식은 '자신 → 상대방 → 자신'인 것입니다. 이러

• **주관적**
주관적이라는 말은 객관적 현실을 기초로 하지 않고 자신의 판단이나 사고에 의지하는 것을 말한다.

한 차이가 편지를 찾느냐 못 찾느냐 하는 커다란 차이를 가져온 것입니다. 즉 뒤팡은 자기 자신을 일단 부정하여 상대방의 입장에 선 후 다시 부정하여 본래 자기 자신의 입장, 즉 수사하는 입장에 서서 편지를 찾아 냈습니다.

여기서 '부정(否定)'이라는 말이 나왔는데 이에 대해 생각해 봅시다. 우리가 보통 '부정한다'라고 말할 때의 부정의 뜻은 '~이 아니다'라는 뜻입니다. "그는 자기가 학생임을 부정한다"라고 했을 때 이것은 "그는 학생이 아니다"라는 뜻입니다. 그러나 철학에서 말하는 '부정'의 뜻은 앞서 나온 모순의 경우처럼 상식적인 '부정'의 뜻과는 다릅니다. 철학에서 말하는 '부정'은 하나의 질이 다른 하나의 질로 변화하는 것, 즉 질적 변화를 말합니다. 다시 말해서 하나의 사물이 다른 사물로 전이해 가는 과정을 말하는 것입니다.

여기 밀알 한 알이 있다고 합시다. 이 밀알이 땅에 떨어지면 밀알은 썩어 없어지지만 대신 밀이 생깁니다. 즉 밀알이 밀로 변화한 것이며 밀알이 절대적으로 없어진 것이 아닙니다. 밀알이 밀로 변화하는 과정의 근본 원인은 물론 밀알 내부에 있는 모순입니다. 밀알의 모순이란 밀알이면서 동시에 밀알이 아닐 가능성이라는 두 대립물의 통일입니다. 여기서 모순의 두 측면인 밀알이라는 측면과 밀알이 아닐 가능성이라는 측면은 두 대립물의 투쟁을 통해, 주요한 측면이던 밀알이라는 측면이 부차적 측면으로 되고 부차적 측면이던 밀알이 아닐 가능성이라는 측면이 주요한 측면으로 되어, 밀알이 밀로 변화하는 것입니다. 철학에서는 이러한 질적 변화의 과정, 전이의 과정을 '부정'이라고 부릅니다.

사실 우리가 보통 말하는 '없어졌다'라는 말은 절대적으로 없어졌다는 뜻이 아니라 질적 변화를 통해 그 사물이 다른 사물로 전이된 것을 말하며, 이러한 전이의 과정을 '부정'이라고 말하는 것입니다. 따라서 부정이란 완전히 절대적으로 소멸한다는 뜻이 아닙니다.

부정은 다른 사물이 발생하는 것을 표시하며 동시에 구사물(舊事物)을 보존해 갈 수 있다는 것을 나타냅니다. 즉 부정은 발생과 보존이라는 두 측면을 갖습니다.

앞서 나온 밀알의 경우, 밀알이 땅에 떨어져 썩어 없어지지만 그것은 절대적으로 없어진 것이 아니라 다른 하나의 사물, 즉 밀이 생기는 것을 나타냅니다. 동시에 밀알이 부정되어 밀이 생기면 밀은 그 내부의 모순, 즉 밀이면서 동시에 밀이 아닐 가능성을 가집니다. 즉 구사물의 성질을 보존하고 있는 것입니다.

인간의 발전 과정을 한번 생각해 봅시다. 인간이 자신의 조상인 원숭이에서 오늘날의 발전된 현대인이 되기까지 각각의 세대가 이어져 내려오는 과정은 유전과 변이의 끊임없는 연속 과정이었습니다(유전은 앞 세대에서 일정한 성질을 물려받는 것이고, 변이는 자신의 사회 활동, 실천 과정 속에서 새로운 성질을 획득하는 것을 말합니다). 인간이 오늘날의 현대인이 되기까지 각각의 세대에서 일어난 부정의 과정(세대 교체의 과정)은 새로운 사물의 발생이라는 변이와 구사물의 보존이라는 유전이 이어져 온 것입니다. 만약 유전만 있고 변이는 없거나 변이는 있는데 유전이 없었다면 오늘날의 발전된 현대인은 있을 수 없었을 것입니다. 이처럼 부정은 발생이라는 측면과 함께 구사물의 성질을 보존하는 측면도 가지고 있습니다.

이러한 보존은 구사물을 극복하여 소극적이고 보수적인 요소를 부정한 다음에 이루어지며, 보존된 것은 새로운 사물의 모순에서 한 측면을 이룹니다. 밀이 더 많은 밀알로 변할 가능성을 그 자신의 내부에 보존하는 것은 밀이 밀알이라는 성질을 극복한 다음에야 이루어지며, 또한 밀알이 밀로 변화한 후에 밀이 가진 밀알로 변할 가능성은 밀이라는 새로운 사물의 모순에서 한 측면을 이룹니다.

그런데 여기서 우리가 주의해야 하는 것은 부정에 의하여 발생한 새로운 사물에 보존되는 성질은 구사물의 적극적이고 진보적인 요소라는 점입니다. 즉 밀알이 부정되어 생긴 밀은 그 안에 더 많은 밀알로 될 가능성을 가지고 있으며, 원숭이에서 오늘날의 현대인에 이르기까지 각 세대의 인간이 선조에게서 획득한 것은 더욱 적극적이고 진보적인 요소였던 것입니다.

'부정'이 갖는 이러한 성격을 단체 생활이나 조직 생활에서 중요한 '비판'이라는 문제와 결부시켜 생각해 봅시다. 보통 '자기 비판', '상호 비판'이라고 표현되는 비판은 조직 생활에서 반드시 필요한 요소입니다. 만약 자기 비판이나 상호 비판이 없다면 그 단체나 조직은 규율이 없어지고 원칙이 흐트러지며, 단체의 회원이나 조직원 각자가 발전할 수 없을 것입니다. 이처럼 중요한 비판은 일종의 부정입니다. 즉 자기 자신이 갖고 있거나 다른 사람이 가지고 있는 잘못된 사상이나 옳지 못한 태도, 실천을 지적하여 고치는 과정이 바로 비판이기 때문입니다. 우리는 소극적인 사람을 적극적인 사람으로, 잘못된 견해를 옳은 견해로, 잘못된 실천을 올바른 실천으로 이끌기 위해 자기 비판, 상호 비판을 합니다.

그러나 이러한 비판의 과정, 부정의 과정이 절대적 부정의 과정이 된다면 그것은 올바른 비판이 될 수 없습니다. 올바른 비판 및 부정이 되기 위해서는 적극적이고 진보적인 것을 보존하면서 이루어져야 합니다. 그리하여 원칙적인 비판과 함께 애정 어린 비판이 이루어져야만 비판의 본래 목적이 달성되는 것입니다. 만약 "너는 이렇고 저렇고 하니까 도대체 글러 먹었어" 하는 식의 비판이라면 그것은 옳은 비판이 아닙니다. 비판의 대상이 되는 사람이 가지고 있는 적극적이고 진보적인 요소를 보존하면서 그의 잘못된 사상·견해·실천·태도를 개조하는 비판이 되어야 옳은 비판입니다.

지금까지 얘기한 것처럼 부정이란 한 사물이 질적 변화를 거쳐 다른 사물로 변화하는 전이의 과정을 말하며, 이러한 부정은 새로운 사물이 발생하면서 구사물의 적극적이고 진보적인 요소를 보존한다는 두 측면을 가지고 있습니다. 한편 부정에서 보존이라는 측면은 구사물을 극복한 다음에야 이루어지며, 구사물에서 보존된 것은 새로운 사물에서 모순의 한 측면을 이룹니다. 물론 새로운 모순의 부차적 측면을 이루는 것입니다.

그런데 이 새로운 모순도 고정적으로 가만히 있는 것이 아니라 대립물의 투쟁을 통해 지금까지 주요한 측면이던 것이 부차적 측면으로 되고 부차적 측면이던 것이 주요한 측면으로 되는 대립물의 상호 전화를 통해 또다시 부정됩니다. 즉 처음의 부정을 통해 발생한 새로운 사물이 또다시 부정되는 것입니다. 한 번 부정되고 나서 또 부정되는 것이지요. 밀알의 경우 밀알이 부정되어 밀이 생기지만 밀은 재차 부정되어 다시 밀알로 됩니다. 이처럼 부정된 것이 다시 부정됩니다. 이것을 '부정의 부정'이라고 말합니다.

앞의 《잃어버린 편지》에서 뒤팡은 '자신 → 상대방 → 자신'이라는 과정을 통해서 편지를 찾았습니다. 즉 자기 자신을 한 번 부정하여 상대방의 입장에 선 후, 다시 그것을 부정하여 자신의 입장으로 돌아와 편지를 찾은 것입니다. 편지를 못 찾은 상태에서 편지를 찾는다는 것은 하나의 발전입니다. 밀알의 경우도 자신이 일단 부정되어 밀이 되고, 다시 부정되어 밀알이 됩니다. 그러나 이때의 밀알은 본래의 밀알과 똑같은 것이 아니라 본래의 밀알보다 훨씬 많은 밀알입니다. 더 많은 밀알을 거두게 된 것이지요.

이처럼 '부정의 부정'은 사물의 발전˚ 과정을 나타냅니다. 우리는 앞에서 '모든 사물은 변화˚한다'라고 말했는데 사물은 변화할 뿐만 아니라 발전합니다. 이러한 발전 과정을 나타내는 법칙이 '부정의 부정'입니다. 다시 말해서 '부정의 부정'은 발전 과정을 나타내는 법칙인 것입니다.

그런데 어떤 사람은 '부정의 부정'이 발전이 아니라 본래의 상태로 원상회복하는 것이라고 주장합니다. 이는 우리가 보통 얘기할 때 '그는 학생이 아닌 것이 아니다'가 '그는 학생이다'와 같은 의미라는 점을 근거로 한 주장입니다. 그러나 이것은 부정의 의미를 잘못 이해한 것입니다. 앞의 뒤퐝이나 밀알의 경우처럼 부정의 부정은 발전을 나타냅니다. 한마디로 요약하면 부정의 부정은 발전 과정을 나타낸 법칙입니다.

이러한 부정의 부정은 우리 주위에서 흔히 볼 수 있습니다. 지금은 물레방아가 있는 곳이 흔치 않지만 옛날에는 쌀을 찧을 때 정미소에서 물레방아를 이용했습니다. 조그만 하천 옆에 수차를 설치해 놓고 물의 힘을 이용해서 수차를 돌리고 이 수차의 힘을 이용해서 쌀을 찧었던 것입니다. 우리 선조들은 이렇게 자연력을 생활에 이용하였습니다. 그런데 오늘날 정미소에서는 물레방아를 사용하지 않습니다. 물레방아 대신 전기 모터를 사용하여 쌀을 찧습니다. 여기에는 수차가 없습니다. 왜냐하

• **발전과 변화**
발전이란 춘하추동이 한 번 바뀌고 다시 봄이 온다는 식의 변화와 다르다. 변화는 몇 번 반복되더라도 거기서 새로운 어떤 것이 나오지는 않는다. 이러한 변화는 발전이 아니다. 발전이란 표면적으로 동일한 것이 반복되는 것처럼 보여도 오랜 기간 사이에 그 속에서 이제까지는 없었던 상태, 질적으로 새로운 상태가 생기는 변화를 말한다. 질적으로 새로운 상태라는 것은 반복함에 따라 단지 횟수가 증가한다든지 규모가 커진다든지 하는 양적으로 변화된 상태를 말하는 것이 아니라, 전에 있었던 것과 성질이 다른 새로운 상태를 말한다. 따라서 변화가 발전에 비해 더 넓은 개념이고, 발전은 변화에 비해 좁은 개념이다.

면 전기 모터를 움직이는 전력이 수력 발전소에서 나오기 때문입니다. 정미소에서 멀리 떨어진 곳에 있는 강이나 하천에 댐을 건설하여 인공적으로 호수를 만들고 이 호수 옆에 현대 과학의 발전된 기술을 이용하여 발전소를 건설합니다. 호수의 물이 댐의 수문을 통해 아래로 떨어질 때 발전소에 설치된 커다란 강철 수차를 빠른 속도로 회전시켜 이 수차에 연결되어 있는 발전기가 전력을 만들어 냅니다. 이 전력이 정미소로 보내지는 것입니다.

옛날에는 '수차 → 정미기'로 곧바로 연결되던 것이 오늘날에는 '수차 → 발전기 → 송전선 → 모터 → 정미기'라는 방식을 취합니다. 옛날에는 수차의 기계적인 힘이 그대로 정미기에 보내졌지만, 오늘날에는 기계적인 힘을 전기적인 힘으로 한 번 변화시켜 멀리 보내고 거기서 다시 본래의 기계적인 힘으로 바꾸어 사용하는 것입니다. 즉 그냥 정미기로 보내지던 기계적인 힘이 일단 부정되어 전기적인 힘으로 바뀌고 그것이 모터를 통해 다시 부정되어 본래의 기계적인 힘으로 바뀝니다. 이것도 부정의 부정입니다.

이러한 부정의 부정은 커다란 진보이고 우리에게 많은 이익을 가져다줍니다. 일단 본래의 존재방식을 다른 존재방식으로 변화시키고 나중에 다시 본래의 존재방식으로 되돌리는 것이야말로 커다란 진보이며, 우리에게 전보다 훨씬 많은 이익을 가져다줍니다. 수차의 기계적인 힘을 그대로 사용하면 공간적인 한계에 부딪칩니다. 수차에서 100미터 이상 떨어진 곳에서는 정미기를 사용할 수도 없습니다. 하지만 수차의 기계적인 힘을 전기적인 힘으로 바꾸어 송전선에 연결하면 몇백 킬로미터 떨어진 곳까지도 전기적인 힘을 운반하는 것이 가능합니다. 원하는 장소까지 송전선을 끌어다 놓고 사용하는 기계에 적당한 크기의 모터를 붙여 놓으면 바라는 만큼 기계적 힘을 얻을 수 있습니다. 정미소의 모터, 전기 세탁기나 전기 냉장고의 모터는 모두 똑같은 발전소에서 보내온 전력으로 사용할 수 있습니다. 즉 커다란 기계적 힘을 조금씩 나누어서 사용하는 것이 가능한 것입니다. 이처럼 기계적인 힘을 전기적인 힘으로 바꾸고 그것을 다시 기계적인 힘으로 바꾸는 부정의 부정은 발전을 의미합니다.

우리의 음성은 공기를 기계적으로 진동시켜 상대방의 귀에 도달합니다. '입 → 귀'라는 직접적인 전달방식을 취하는 것입니다. 그러나 이러한 방식으로는 거리의 제한을 받습니다. 몇백 미터만 떨어져도 서로 얘기하는 것이 거의 불가능해집니다. 그러나 오늘날 우리는 이러한 거리의 제한을 극복할 수 있는 여러 가지 장치를 가지고 있습니다. 마이크를 사용해 기계적 진동을 전기석 진동으로 바꾸고, 이것을 증폭하여 본래의 수백, 수천 배나 되는 강력한 소리로 바꿀 수 있습니다. 이것이 확성 장치입니다. 이것을 전선에 연결하여 몇백 킬로미터 떨어진 곳까지 운반하는 것이 전화이고, 전파로 바꾸어 지구의 반대쪽까지 보내는 것이 라디오나 텔레비전입니다. 이렇게 보내진 전기적 진동은 어느 곳에서나 본래의 기계적 진동으로 바뀌어 스피커를 통해 소리로 나오는 것입니다. 이것 역시 부정의 부정입니다. 기계적 진동을 전기적 진동으로 바꾸고 그것을 다시 기계적 진동으로 바꾸는 이러한 부정의 부정은 소리를 멀리까지 보내는 것을 가능하게 하고, 동시에 세계 각지에 있는 많은 사람에게 소식을 전달하는 것도 가능하게 합니다.

영화 역시 이러한 부정의 부정을 이용한 것입니다. 물체의 움직임은 시간적으로 연속해 있지만 무비 카메라는 그것을 일정한 간격으로 하나하나 찍어 나갑니다. 영화 필름을 보면 개개의 순간을 담은 장면들이 그 자체로서는 어떠한 움직임도 갖지 않은 채 띠처럼 연결되어 있습니다. 물체가 가지고 있던 연속성이 필름에서는 사라지지만 필름의 연속성이라는 형태로 보존된다는 점에 영화 필름의 특징이 있습니다. 필름을 영사기에 걸어 다시 시간적인 연속성 속에서 영사막에 비추면 필름에 찍힌 물체가 실제로 움직이는 것처럼 화면에 나타나는 것입니다. 이러한 영화 덕분에 옛날의 생생한 모습도 다시 볼 수 있고, 그 장소에 없었던 사람도 다시 그 장면을 볼 수 있습니다. 이러한 영화 역시 피사체의 움직임이 영화 필름의 연속성이라는 형태로 변화되고, 또 그것이 다시 물체의 움직임으로 변화된다는 점에서 역시 부정의 부정입니다.

이러한 부정의 부정은 자연 현상이나 과학에서만 나타나는 것이 아니라 역사에서도 나타납니다.

코페르니쿠스는 천동설*을 뒤집어엎고 지동설*을 확립한 대과학자로 알려져 있습니다. 그러나 지동설을 처음으로 주장한 사람은 코페르니쿠스가 아닙니다. 그는 어쩔 수 없는 혼란에 빠진 시대에 천동설을 대신할 수 있는 학설을 찾다가 고대의 지동설에 관한 주장을 접하게 되었습니다. 그 자신이 이 점을 분명히 말한 바 있습니다. 고대 그리스의 천문학자 아리스타르코스가 이미 지구가 태양의 주위를 돌고 있다는 이론을 내놓았던 것입니다. 학문 수준이 유치한 시대에 눈으로 보는 것과 반대되는 이러한 이론을 어떻게 만들어 내었는지 이상하게 생각하는 사람도 있을 것입니다.

하지만 고대 사람들은 계절을 알기 위해서 천체의 움직임을 꼭 알아야 했습니다. 또한 농업이나 항해 같은 분야에서 천체를 관찰하는 일은 현재와 비교도 할 수 없을 정도로 사회 생활에 밀접하게 연관되어 있었습니다. 그리하여 화성이나 금성의 밝기가 때에 따라 매우 다르다는 사실로써 그 별들과 지구의 거리가 변하고 있음을 추리해 냈습니다. 또 태양이나 달의 크기, 지구와의 거리 등도 측정했는데 현재의 과학이 알아낸 것과 그다지 큰 차이를 보이지 않습니다. 눈으로 보면 태양이 조그맣지만 사실은 지구보다 훨씬 큰 천체라는 것도 알았습니다. 이러한 사실을 통해 그리스 학자들은 지동설을 주장했던 것입니다.

이것이 중세에 들어와 천동설로 뒤바뀐 것은 종교적인 압박이라든가 정치적 박해 같은 사회적인 영향도 있었지만, 근본적으로는 역시 소박

• **천동설과 지동설**
천동설은 지구가 속한 태양계에서 태양이 지구의 주위를 돌고 있다고 주장하는 학설을 말하며, 종교의 영향으로 중세에 지배적인 학설이었다. 지동설은 태양의 주위를 지구가 돈다고 주장하는 학설로서, 과학이 발달함에 따라 지동설의 올바름이 증명되었다.

하고 엉성한 이론으로 천체 개개의 움직임을 정확하게 파악하기 어려웠고, 지구가 매우 빠른 속도로 회전하고 있다면 왜 지구상의 물체가 그 영향을 받지 않는가 하는 이유를 합리적으로 설명할 수 없었기 때문입니다. 즉 이론적인 유치함 때문이지요. 말하자면 고대의 지동설은 유치한 지동설이었던 것입니다.

코페르니쿠스가 부활시킨 지동설은 천동설 시대에 얻은 개개의 부분에 관한 연구 성과를 올바로 다루면서 역학적으로 합리적인 설명을 하여 체계를 완성한 것입니다. 그리하여 천문학의 역사는 '지동설 → 천동설 → 지동설'이라는 과정을 거쳐 발전해 나갑니다. 이것 역시 부정의 부정이지요. 이때 새롭게 확립된 지동설은 옛날의 유치한 지동설이 아니라 한 단계 발전한 지동설입니다. 코페르니쿠스는 천동설에 의하여 얻어진 모든 연구 성과를 말살한 것이 아니라 그것을 올바로 취함으로써 한 단계 발전한 지동설을 만들어 낸 것입니다. 여기에 '부정의 부정'의 발전성이 있습니다.

과거의 노동자들은 물건을 하나 만들 때 처음부터 끝까지 혼자 힘으로 했습니다. 예를 들어 구두를 만든다거나 대장간에서 농기구를 만들거나 혹은 옷을 만드는 경우 처음부터 끝까지 거의 혼자 힘으로 했습니다. 말하자면 만능 노동자였던 셈이지요. 당시는 정신노동과 육체노동이 분리되지 않아 자신의 노동에 대한 계획을 세우고 이를 진행하고 조절해 나가는 것도 노동자 자신의 일이었습니다.

하지만 생산력이 발전하고 기계가 도입되어 분업이 이루어지자 노동자들은 생산과정의 한 부분만을 맡게 되었고 그 생산과정 전체를 계획·조절·통제하는 정신노동이 분리되기 시작했습니다. 이러한 분업의 과정은 과거의 만능 노동자에 대한 부정의 과정으로서, 분업을 통해 생산력이 크게 발전했습니다.

그런데 오늘날에 이르러 생산력이 더욱더 발전하고 생산의 자동화가 이루어지기 시작하자 새로운 형태의 노동자가 출현하고 있습니다. 즉 생산과정의 일부분만을 맡는 것이 아니라 자동화된 과정 전체 혹은 주요한 부분을 관리하는, 즉 정신노동과 육체노동을 새로운 방식으로 결합하는 노동자가 출현하고 있는 것입니다. 어떻게 보면 다시 만능 노동자가 출현했다고 볼 수도 있지만, 이는 과거에 비해 훨씬 발전한 단계의 만능 노동자입니다. 이러한 경우에서도 우리는 그 발전 과정에서 '부정의 부정'을 봅니다.

대중 운동의 지도자도 이러한 부정의 부정을 올바로 파악해야만 정확하게 지도할 수 있습니다. 지도자는 자신을 일단 부정하여 피지도자인 대중의 입장에 서서 피지도자의 요구는 무엇이고 상황이 어떠한가를 파악한 다음에 다시 그 입장을 부정하여 지도자의 입장에 서서 피지도자의 상황에 입각하여 지도해야 합니다. 만약 지도자가 피지도자의 입장에 서서 사물을 생각하지 않고 자기의 주관적 판단만으로 지도한다면 이는 《잃어버린 편지》의 경시총감과 같은 태도로서, 올바르게 지도할 수 없습니다. 또한 재차 부정하여 다시 지도자의 입장에 서지 않고 자신을 부정하여 피지도자의 입장에서만 지도한다면 그것은 대중 추수주의로서 역시 잘못된 태도입니다. 피지도자가 생각하는 것에는 올바른 것도 있지만 잘못된 것도 있습니다. 따라서 이러한 잘못된 것을 지도자의 입장에 서서 수정해 주어야 합니다. 이처럼 대중 운동의 경우에도 부정의 부정을 올바로 파악함으로써 올바르게 지도할 수 있고, 그리하여 운동이 발전하는 것입니다.

 지금까지 본 바와 같이 '부정의 부정'은 사물의 발전에 관한 법칙입니다. 사물이 발전하는 과정이 '부정의 부정'으로 이루어진다는 것은 사물의 발전이 일직선이 아닌 나선형으로 이루어진다는 것을 의미합니다. '부정의 부정'은 단순한 반복을 뜻하는 것이 아니라 발전을 뜻합니다.

여섯째 마당

기러기는 기러기다

철학 에세이

여섯째 마당 기다리는 기다리다

기러기는 너무 높이 날아서 땅 위의 사람들은 그것이 무슨 새인지 분간하기 어려웠습니다.

물오리가 흔한 월나라 사람들은 물오리를 많이 보아 왔기 때문에 하늘 높이 날아가는 기러기를 물오리라고 여겼습니다.

제비가 흔한 초나라 사람들은 제비를 많이 보아 왔기 때문에 하늘 높이 날아가는 기러기를 항상 제비라고 여겼습니다.

그러나 월나라 사람들이 물오리라고 여기든, 초나라 사람들이 제비라고 여기든 기러기가 기러기라는 사실에는 변함이 없었습니다.

위의 우화를 읽고 우리는 월나라 초나라 사람들의 생각이 틀리다는 것을 쉽게 알 수 있습니다. 하지만 중요한 것은 그것이 아니라 이 우화가 우리에게 중요한 철학적 의문을 제기한다는 점입니다. 그것은 존재와 관념, 물질과 의식의 문제입니다. 철학에서 말하는 물질(존재)은 우리의 의식 밖에 독립하여 존재하며 그 자신의 독립된 운동을 하는 객관적 실재를 말합니다. 그리고 의식(관념)은 우리가 생각하는 것, 즉 사고를 말합니다.

어느 조각가가 조각상을 만든다고 합시다. 조각가는 조각상을 만들기 전에 우선 자기 마음속에 조각상의 모양을 그려 봅니다. 그러고 나서 조각을 하여 현실적인 조각상을 만듭니다. 이 경우 조각상을 만들기 전에 조각가가 마음속으로 생각한 조각상의 모양은 관념이고, 만들어진 조각상은 객관적인 실재로서 물질입니다. 사실 물질과 의식의 문제는 철학의 근본 문제로서, 이 문제를 두고 철학사에서는 크게 두 가지 주장이 있어 왔습니다. 하나의 주장은 물질과 의식의 관계에서 물질이 먼저라고 하는 것입니다. 즉 물질이 근원적이고 일차적이며 의식은 파생적이고 이차적이라고 주장합니다. 다른 하나의 주장은 이와 반대입니다. 즉 의식이 먼저다, 다시 말하면 의식이 근원적이고 일차적이며 물질은 파생적이고 이차적이라고 주장합니다. 앞의 주장을 '유물론'*이라 하고 뒤의 주장을 '관념론'*이라고 합니다.

그럼 두 가지 주장 중 어느 것이 옳을까요? 사실 이 문제는, 세계는 과연 무엇인가 하는, 세계의 본성에 대한 기본 관점의 문제로서 이에 대해 위의 두 주장 중 어느 것을 지지하는가에 따라 그 사람이 세계를 대하는 태도와 관점과 실천방식이 달라지기 때문에 대단히 중요한 문제입니다. 그럼 이 문제에 대해 생각해 보기로 합시다.

우리 조상들은 집안에 아픈 사람이 생기면 잡귀가 들어와서 그렇다고 생각하고 굿을 했습니다. 또한 가뭄이 들면 이는 하늘에서 비를 내려 주는 하나님이 노했기 때문이며, 따라서 비를 내리게 하려면 하나님의 노여움을 풀어 드려야 한다고 생각하고 기우제를 지내곤 했습니다. 이때 굿을 하거나 기우제를 지내는 대상은 잡귀나 하나님, 즉 신입니다. 그런데 잡귀나 하나님은 사실 관념입니다. 이러한 관념을 향해서 굿을 하거나 기우제를 지내는 것은 병과 가뭄이라는, 즉 우리의 관념과 독립된 존재를 관념의 힘을 이용해서 극복하려는 생각입니다. 결국 관념의 힘이 더 크다고 생각하는 것이지요.

영국의 철학자 버클리는 이렇게 말했습니다. "여기 책상이 하나 존재한다. 그런데 이 책상이 존재하는 것은 내가 이 책상이 존재한다고 생각하기 때문이다." 이 말은 바꾸어 말하면 우리의 의식 밖에 존재하는 모

• **유물론과 관념론**

유물론(materialism)과 관념론(idealism)은 철학의 근본 문제를 규정하는 것으로서 세계를 어떻게 바라보는가, 즉 세계관의 문제다. 이 주장은 다음의 두 가지 점에서 구별된다. 첫째는 물질과 의식에 대한 관계로서, 이 중 어느 것이 선차적이고 일차적이며 어느 것이 파생적이고 부차적인가 하는 것이다. 물질이 세계의 근원이며 일차적이고 의식은 단지 물질에서 파생된 것이라고 보는 견해를 유물론이라 하고, 반면 의식이 세계의 근원이고 일차적이며 물질은 여기에서 파생된 것이라고 보는 견해를 관념론이라고 한다. 둘째는 세계의 인식 가능성에 대한 문제로서, 유물론이 세계는 인식 가능하며 인간은 자연과 사회를 효과적으로 개조해 나갈 수 있다고 하는 반면에 관념론은 우리가 인식하는 것은 단지 주관적 감각에 불과할 뿐 객관적 세계를 인식하는 것은 불가능하다고 주장한다.

이처럼 물질과 의식의 문제는 철학의 근본 문제로서 이를 어떻게 보는가에 따라 유물론과 관념론으로 갈라지는데, 이를 제일 처음 정식화한 사람이 프랑스의 철학자 데카르트(René Descartes, 1596~1650)였다. 데카르트는 철학사에 나타나는 무수한 논쟁이 — 스스로 의식하든 의식하지 못하든 간에 — 결국 '물질과 의식의 관계를 어떻게 보는가'라는 문제로 귀착됨을 밝히고, 이를 "나는 생각한다. 고로 나는 존재한다"라는 유명한 명제로 요약하였다.

한편 서양 철학의 관념론과 유물론에 비견되는 것으로 동양 철학에는 주리론(主理論)과 주기론(主氣論)이 있다. '이(理)'란 사물의 조리(條理) 혹은 법칙을 의미하고 '기(氣)'는 사물의 재료, 형상 또는 현실적 모습을 말하는데, 주리론과 주기론은 각각 관념론과 유물론의 입장에 서서 이와 기 중 어느 것이 우선이고 근본적인가에 대해 치열하게 논쟁을 벌였다. 우리나라의 대표적인 주리론자로는 퇴계 이황(李滉, 1501~1570)이 있고 대표적인 주기론자로는 화담 서경덕(徐敬德, 1489~1546)이 있다.

든 것은 그것을 의식하기 때문에 존재하는 것이며 만약 그러한 의식이 없다면 존재하지 않는다는 것입니다. 그리하여 그는 다음과 같이 말합니다. "여기 책상이 하나 존재한다. 그런데 내가 이 책상을 바라보고 있다가 고개를 옆으로 돌려 책상을 바라보지 않으면 그 동안 책상은 존재하지 않는 것이며, 다시 내가 고개를 돌려 그 책상을 바라보는 순간부터 그 책상은 존재하는 것이다." 그야말로 우리가 보통 생각하는 것과는 아주 다른 생각입니다. 이 말은 회사에 다니는 사람은 아침에 출근하면 퇴근할 때까지 가족을 보지 못하므로 그 동안 가족이 존재하지 않는다고 말하는 것과 같습니다. 이 말은 곧 의식이 물질을 결정한다는 것입니다. 이러한 주장이 옳을까요?

만약 이러한 주장이 올바른 것이라면 아메리카 대륙도 콜럼버스가 발견하기 전에는 존재하지 않았다가 콜럼버스가 발견한 순간부터 존재한다는 말이 됩니다. 또한 해도 밤에 지면 다음날 다시 뜰 때까지 존재하지 않는 것이 됩니다. 이것은 틀린 주장입니다. 물질은 의식과 다른 것이며 또한 의식에 의해서 결정되는 것도 아닙니다.

이것은 당장 실험을 통해서 알 수 있습니다. 여기 종이 한 장이 있다고 합시다. 입으로 불면 날아가는 작은 종잇조각입니다. 이 종이를 마음속으로 무엇인가를 '생각'하면서 1센티미터건 1밀리미터건 움직여 보십시오. 이 경우 결코 손으로 움직인다든지 입으로 분다든지 하는 행동을 해서는 안 됩니다. 오직 마음으로 '생각'만 해야 합니다. 그 대신 '생각'하는 것의 내용은 자유입니다. 어떤 것을 '생각'해도 좋습니다. 하나님에 의지해도 좋고 부처님에 의지해도 좋고 둘 다에게 의지해도 좋습니다. 그런데 그렇게 할 경우 1밀리미터라도 움직일까요? 움직이지 않을 것입니다. 이 경우 마음속으로 '생각'하는 것은 바로 관념입니다. 이러한 실험으로도 알 수 있는 것처럼 물질은 의식에 의해 결정되는 것이 아닙니다. 만약 의식에 의해 물질이 결정된다면 종이가 움직였을 것입니다.

만약 그래도 위의 주장이 옳다고 생각하는 사람이 있다면 그는 다음 사실에 대해서 해명할 수 있어야 합니다. 즉 현대 과학은, 인간이 지상에 나타나기 이전에 지구가 이미 약 40억 년간이나 존재해 왔고 인류의 역사는 기껏해야 수백만 년에 불과하다는 것을 밝혀 냈습니다. 인간이 있고 나서야 의식이나 관념도 있는 것이라면 인간이 지상에 나타나기 전에는 지구가 없었던 것일까요? 그렇다면 인류가 출현하기 40억 년 전부터 지구가 있었다는 현대 과학의 성과는 거짓이며 잘못된 것일까요?

사실 물질과 존재는 의식과 관념에 의해 결정되는 것이 아닙니다. 만약 물질이 관념이나 의식에 의해 결정된다면, 굿을 하면 병이 나아야 할 것이고 기우제를 지내면 비가 내려야 할 것이며 기러기를 물오리라고 생각하면 물오리가 되어야 할 것입니다. 그러나 현실은 그렇지 않습니다. 따라서 물질과 의식은 서로 구별할 필요가 있으며, 관념과 의식에 의해서 존재와 물질이 결정되는 것은 아닙니다.

그렇다면 물질과 의식은 서로 어떤 관계에 있을까요?

앞에서도 말한 것처럼 옛날에는 우리 몸에 병이 생기면 집안에 잡귀가 들어왔기 때문이라고 생각했습니다. 하지만 의학이 발달함에 따라 병은 우리 몸에 병원균이 침입해서 생기는 것이라는 사실이 밝혀졌습니다. 바이러스나 박테리아, 암세포 등에 대한 관념이 없었을 때에는 이러한 병원체가 존재하지 않았을까요? 그렇지 않습니다. 병원체는 우리가 이에 대한 관념을 갖기 전부터 존재한 것이며, 그 존재 때문에 우리는 바이러스나 박테리아, 암세포라는 관념을 갖게 된 것입니다. 즉 물질이 있고 나서 그에 대한 인식이 생기는 것입니다. 책상에 대해서 한번 생각해 봅시다. 우리가 책상이라는 관념을 갖게 된 것은 책상이라는 객관적 실재가 현실 세계에 존재하기 때문에 책상이라는 관념을 갖는 것입니다.

만약 관념이 존재를 결정한다면 우리는 일할 필요가 없습니다. 마음속으로 쌀 한 자루를 생각하면서 도깨비 방망이 두드리듯이 "쌀 한 자루 나와라" 하면 바로 우리 코앞에 쌀 한 자루가 존재해야 할 것입니다. 하지만 아무리 머릿속으로 쌀 한 자루를 생각해도 결코 쌀이 생기지 않습니다. 쌀 한 자루가 생기게 하려면 현실적으로 땀 흘려 일해서 농사를 지어야 합니다.

사실 우리가 생각하는 것, 즉 의식을 갖는 것도 물질이 없으면 불가능합니다. 그 물질이란 우리의 머리에 있는 뇌입니다. 만약 우리에게 뇌가 없다면 우리는 생각을 할 수 없으며 따라서 의식을 가질 수 없습니다. 간혹 뉴스를 보면 식물인간이라는 말이 나옵니다. 식물인간은 신체 대사 기능에는 이상이 없지만 뇌의 활동이 정지되어 생각을 할 수 없는 사람입니다.

이처럼 물질은 우리의 의식 밖에 독립해서 존재하며 우리의 의식과 독립하여 운동합니다. 또한 의식이라는 것은 이러한 물질에서 파생되는, 즉 물질에 의해 생기는 것입니다.

이렇게 얘기하면 어떤 사람은 다음과 같이 반박할 것입니다. "용이라는 동물은 현실 세계에 존재하지 않지만 우리는 용이라는 관념을 가지고 있다. 이는 의식이 물질에 의존하지 않는다는 좋은 증거가 아니냐?" 이는 매우 좋은 질문이며 철학자들 중에도 이러한 증거를 들어 의식이 물질에 의존하지 않는다고 주장하는 사람이 있습니다. 하지만 우리가 보통 용을 그려 놓은 모습을 잘 살펴보면 몸통은 뱀과 비슷하고, 발은 독수리와 비슷하며, 눈은 호랑이와 비슷합니다. 이처럼 우리가 머릿속으로 만들어 낸 용의 모습은 사실 뱀이나 독수리, 호랑이라는 존재의 모습 중에서 일부분씩을 가져다가 이를 뜯어 맞춰 그린 것입니다.

지금까지 얘기한 것처럼 물질은 의식에서 독립된 것이며 의식은 물질에서 파생된 것입니다. 바꾸어 말하면 물질은 근본적이고 일차적이며, 의식은 파생적이고 이차적입니다. 그러나 사실이 이렇다고 해서 의식의 힘을 무시해서는 안 됩니다. 의식은 우리에게 아주 중요한 역할을 합니다(이에 대해서는 일곱째 마당, 셋째 마디에서 설명합니다). 다만 물질과 의식의 관계를 생각해 볼 때 물질은 근본적이고 일차적이며, 의식은 파생적이고 이차적이라는 것입니다.

이러한 사실은 우리의 행동과 실천에 매우 중요한 의미를 갖습니다. 구체적인 예를 들어 설명해 봅시다. 다음의 경우는 외국에서 실제로 있었던 일입니다.

외국의 한 철도회사 조차장(操車場)에서 일하는 노동자들이 단결하여 노동조합을 만든 일이 있었습니다. 커다란 철도역에 가면 철도 노동자들이 빨간 기나 파란 기를 들고 기차를 연결하거나 떼어 놓거나 선로를 바꾸거나 하는 곳이 있는데, 바로 이곳이 조차장입니다. 이 조차장 일은 철도의 수송 업무에 없어서는 안 되는 중요한 일이지만 매우 위험한 일이라서 생명을 잃는 경우도 있습니다. 그런데 이 노동조합은 단결이 꽤 잘되는 편이었기 때문에 그 지방에 있는 노동조합 본부에서도 이 노동조합에 지원을 많이 했고 매우 중요하게 생각했습니다.

그런데 철도회사 측은 간부들을 총동원하여 조합원 한 사람 한 사람의 집을 찾아가서 다음과 같이 말하도록 했습니다. "자네가 이 노동조합에서 탈퇴하지 않으면 평가 시험에 합격시키지도 않을뿐더러 승진시키지도 않을 것이네. 자네는 장래가 촉망되는 유능한 사람이니 노동조합에서 탈퇴하여 업무에 전념하는 것이 좋을 게야. 출세하는 것이 좋지 않은가. 이게 다 자네를 생각해서 하는 말이네." 이런 말을 몇몇 노동자에게만 한 것이 아니라 며칠에 걸쳐 모든 노동자에게 얘기하면서 노동조합에서 탈퇴할 것을 종용하였습니다. 본래 노동조합에 대한 회사 측의 이러한 간섭은 '부당 노동 행위'라 하여 법적으로도 금지하고 있지만 회사 측은 법을 어기면서까지 이처럼 종용한 것입니다. 더욱이 탈퇴한 노동자들을 중심으로 새로운 노동조합을 만들기까지 했습니다.

그 결과 일부 노동자들이 탈퇴하여 새로운 노동조합에 가입함으로써 노동조합이 두 개로 분열되었습니다. 이처럼 노동조합이 분열된 원인을 생각해 보면 근본적으로는 노동조합 내부가 허약했기 때문이지만(변화의 근본적 원인은 내부에 있다 — 셋째 마당, 둘째 마디 참고), 여기에 회사의 간섭이 덧붙여져서 노동조합이 두 개로 분열된 것입니다. 결국 본래 노동자들이 단결하여 스스로 만든 노동조합과 회사가 자기들이 다루기 편하게 만든 노동조합으로 나뉘었습니다. 어제까지 함께 뭉쳐서 같이 행동하던 동료들이 서로 분열되어 반목하는 것은 매우 가슴 아픈 일이었습니다. 마치 손에 쥐고 있던 모래알이 하나하나 빠져 나가는 것처럼 사람을 외롭고 고독하게 했습니다. 한편으로는 회사 측의 농간으로 본래 노동조합을 떠난 노동자들에게 분노도 느꼈습니다.

이러한 분열이 있고 나서 얼마 후의 일이었습니다. 본래의 노동조합을 탈퇴하여 회사 쪽 노동조합으로 간 M군이라는 사람의 집에 불이 난 것입니다. 그 불로 집은 물론이고 살림 도구까지 몽땅 타 버렸습니다.

이 일이 있자 본래의 노동조합원들은 급히 모여 회의를 열었습니다. 화재를 당한 M군을 위문하러 갈 것인가 말 것인가를 결정하기 위해 모인 것입니다. 회의석상에 모인 조합원들의 의견은 분분했습니다. 어떤 사람은 "이것은 우리를 배신한 사람에게 하늘이 내린 벌이야"라고 하며 위문하러 가지 말자고 주장했습니다. 본래 하나였던 조합이 두 개로 분열되어 서로 반목하게 된 아픔은 매우 큰 것이었기에 당연히 회의가 아주 격렬해졌고 결국 밤늦게까지 토론이 진행되었습니다. 그런데 그 결과 회의에서 결정된 사항은 위문금을 가지고 M군에게 가는 것이었습니다. 그것도 전원 일치로 결정되었습니다.

그리하여 대표가 M군을 찾아가 조합원들에게 모은 위문금을 전달했습니다. M군은 울먹이면서 "내가 잘못했소"라고 말했습니다. 하지만 M군은 본래의 노동조합으로 돌아오겠다는 말은 하지 않았습니다. 대표자도 돌아오라는 말은 하지 않았습니다. 그 후 두 노동조합은 서로 합쳐지지는 않았지만 점차 행동을 통일하기 시작했습니다. 그 동안 있었던 반목과 고독감, 절망감은 점차 사라지고 서로 합의를 해 나가면서 회사에 대해 행동을 통일하기 시작한 것입니다.

그러면 본래 노동조합의 노동자들은 어떻게 해서 M군을 찾아가기로 결정했을까요? 그것도 전원 일치로 말입니다. 보통 우리의 생각으로는 매우 뜻밖의 결정입니다. 어떻게 보면 자신들을 배신한 사람을 찾아가 위문한다는 것은 자존심 없는 행동으로 보이기도 합니다. 그렇다고 해서 이 노동조합의 노동자들이 성인군자는 아닙니다. 이들도 그냥 평범한 노동자에 지나지 않습니다. 그렇다면 대체 어떤 생각에서 M군을 찾아가 위문하기로 결정했을까요? 그것은 이 노동조합의 노동자들이 '물질은 의식보다 근본적이고 일차적이다'라고 생각했기 때문입니다. '생각하는 것', 즉 의식과 물질은 서로 다른 것으로 구별할 필요가 있으며, 노동자라는 것은 '생각하는 것', 즉 관념에서 출발하는 것이 아니라 존재에서 출발하는 것이므로 따라서 노동자라는 존재가 서로 다른 의식보다 근본적이고 일차적이라고 생각했기 때문입니다.

M군이 본래의 노동조합에서 탈퇴한 것은 확실히 옳은 생각과 행동이 아닙니다. 그러나 M군이 어떻게 생각하건 그는 노동자로 존재합니다. 노동자가 화재를 당하면 생활이 매우 어려워집니다. 이때 그 사람이 속한 노동조합이 어떤 것이냐 하는 문제에 앞서 M군은 노동자로서 존재하며 화재 때문에 생활이 매우 어렵기 때문에, 본래 노동조합의 노동자들은 조금이나마 위문금을 모아 M군에게 전달하기로 결정했던 것입니다.

물가 상승은 노동자의 생활을 불안하게 하고 어렵게 만듭니다. 이것은 그가 어떤 생각을 하건 간에 그가 노동자로 존재하는 이상 변함없는 사실입니다. 노동자의 생각에 따라 기차 요금이 바뀌는 것도 아니며 무나 배추 값이 바뀌는 것도 아니기 때문입니다. 물가 상승이라는 것은 생각, 즉 관념의 차이에 관계없이 설령 그가 비노동자적인 생각을 한다 하더라도 모든 노동자를 살기 어렵게 만듭니다.

노동조합이라는 것은 이러한 '노동자로서 존재한다'라는 사실에 기초한 것이지 관념에 기초한 것이 아닙니다. 만약 노동조합이 관념에 기초해서 만들어진 것이라고 한다면 노동자들의 의식은 적어도 조금씩은 서로 다르기 때문에 단결할 수 없다는 주장이 나올 것입니다. 그렇다면 노동조합이 관념에 기초한 것일까요? 그렇지 않습니다. 노동조합은 '노동자로서 존재한다'라는 객관적 존재에 기초해서 만들어진 것입니다. 따라서 아무리 의견이 다르고 생각하는 것이 다르더라도 노동자로서 존재한다는 점에서 — 그 존재가 같다는 점에서 — 요구가 일치하고, 그 일치된 요구를 바탕으로 해서 단결이 가능한 것입니다.

그러면 노동자로서 존재한다는 것은 어떤 뜻일까요? 노동자로서 존재한다는 의미의 내용은 무엇일까요? 노동자로서 존재한다는 사실의 내용은 세 가지로 나누어서 얘기할 수 있습니다. 첫째, 노동자는 생산수단을 갖지 않은 존재입니다. 생산은 인간과 동물의 다른 점이며 인간 생활의 근본입니다. 이처럼 노동자는 인간으로 생활하기 위해서 없어서는 안 될 생산수단(도구, 기계 등)을 갖지 않은 존재입니다. 둘째, 자본가(기업주)에게 고용되어 있는 존재입니다. 자본가에게 고용되어 있다는 것은 자본가에게 노동력을 팔고 그 대가로 임금을 받아 생활한다는 것을 말합니다. 사실 노동자는 생산수단을 갖고 있지 않기 때문에 자신의 노동력을 팔아야만 생활을 해 나갈 수 있습니다. 즉 노동자는 자신의 노동력을 파는 입장이고 자본가는 노동력을 사는 입장입니다. 따라서 노동자는 자신의 노동력을 좀더 좋은 조건으로 팔려고 하고, 자본가는 자신에게 좀더 유리한 조건으로 사려고 합니다. 결국 더 많은 임금을 받고 더 좋은 근로 환경 속에서 일하는 것이 노동자의 바람입니다. 셋째, 노동자는 자기가 만들어 낸 가치의 많은 부분을 자본가에게 제공하고 그 일부만을 가져가는 존재입니다.

'노동자로시 존재한다'는 것은 바로 위에서 말한 바와 같은 존재방식을 취하는 것을 말합니다.

그러면 노동자들은 어떻게 해서 단결하게 되었을까요? 자본가는 사람이 하나도 없는 사막에 많은 자본을 투하하여 공장을 세우지는 않습니다. 왜냐하면 거기에는 노동력을 팔 수 있는 노동자가 없기 때문입니다. 노동력이 없으면 공장을 세워 봐야 아무 일도 할 수 없지요. 노동력을 가진 인간이 있다는 것은 자본이 투하되고 공장이 설 수 있는 전제 조건이 됩니다. 일단 공장이 서면 서로 얼굴도 모르던 노동자들이 고용되어 모입니다. 노동력을 팔기 위해서죠.

생산수단을 갖고 있지 않은 노동자들은 자신의 노동력을 팔기 위해서, 즉 취직하기 위해서, 또는 좀더 많은 임금을 받기 위해서 간부들에게 금품을 준다든지 아첨을 한다든지 하여 같은 노동자들끼리 서로 경쟁합니다. 이러한 경쟁은 그야말로 개인주의적인 생각에서 나온 것입니다. 자신의 이익만을 생각하고 동료는 어떻게 되든 나만 잘되면 된다는 식의 사고방식입니다. 노동자들은 오랜 기간 동안 서로 이와 같이 경쟁해 왔습니다. 그들은 이렇게 동료와 경쟁하면서 다음과 같은 사실을 깨닫게 되었습니다. 노동력을 싸게 사려는 자본가의 기본 입장은 노동자에게 결코 유리하지 않다. 노동자 상호간의 경쟁은 노동력을 싸게 사려는 자본가의 입장을 조금도 변화시키지 못한다. 오히려 이러한 경쟁을 이용해 노동력을 더욱 싸게 사려고 한다. 이러한 사실을 노동자들은 오랜 경험을 통해 깨달은 것입니다. 그리하여 노동자들은 서로 경쟁하기를 멈추었습니다. 이것이 곧 노동자의 단결이고 바로 노동조합입니다.

이처럼 노동조합은 기본적으로 노동자가 노동력을 파는 존재라는 것, 생산수단을 갖지 않은 존재라는 것, 자기가 생산한 가치 중 일부만을 가져가는 존재라는 데서 출발합니다. 이러한 점을 생각해 보면 앞서 노동조합의 노동자들이 자기들을 배신한 노동자를 찾아가 위문한 행동이 올바르다는 것을 알 수 있습니다.

관념론의 주장, 즉 의식이 근원적이고 일차적이며 물질은 파생적이고 이차적이라는 주장의 부당성은 과학의 성과에 의해, 그리고 인간의 인식과 실천이 확대됨에 따라 입증되었습니다. 그런데 왜 아직도 관념론이 사라지지 않고 여전히 그 모습을 바꾸면서 남아 있으며, 이를 주장하고 또 그렇게 생각하는 사람들이 있는 것일까요?

이 문제에 들어가기 전에 우선 지금까지 존재한 관념론의 내용을 살펴봅시다. 지금까지 존재한 관념론의 내용을 살펴보면 크게 두 부류로 나눌 수 있습니다. 하나는 주관적 관념론이고 다른 하나는 객관적 관념론입니다.

주관적 관념론은 앞서 나온 버클리의 견해와 같은 내용입니다. 즉 모든 사물이 인간의 관념과 의식에 의하여 결정된다는 주장입니다. 따라서 주관적 관념론자에게는 자기를 낳아 준 부모도 자기가 태어나기 전에는 없었던 것이 됩니다.

반면에 객관적 관념론은 세계를 관념, 의식, 정신의 산물이라고 주장하는데, 이 점에서는 주관적 관념론과 일치합니다. 하지만 객관적 관념론은 세계를 개인의 주관적인 의식이나 관념의 산물로 보는 것이 아니라 초자연적인 '객관적' 정신의 산물로 봅니다. 즉 세계가 나타나기 이전에 어떤 신비한 정신적 존재가 있어서 이것이 세계를 창조한 것이라고 주장합니다. 그리하여 결국은 세계의 창조주인 신이나 하나님의 존재를 이끌어 내게 됩니다.

그러면 왜 이러한 관념론이 여전히 남아 있는 것일까요? 그 이유는 두 가지입니다. 하나는 인식상의 이유이고 또 하나는 사회적인 이유입니다.

사람이 객관적으로 존재하는 사물을 인식하는 과정은 복잡합니다. 따라서 인식 과정의 어떤 한 부분을 과대평가하면 관념론에 빠집니다. 하지만 이러한 인식 과정에 대한 잘못된 이해, 즉 인식상의 이유는 다만 관념론이 생길 수 있는 가능성을 의미할 뿐이며, 그보다 중요한 이유는 사회적인 이유입니다.

사회가 지배 계급과 피지배 계급으로 나뉘어 있는 조건에서 지배 계급은 항상 관념론을 지지하고 옹호하며 그것을 전파합니다. 지배 계급은 자신의 지배와 재산, 특권을 유지하기 위해 우선 현실 세계의 변화·발전이 관념, 의식, 정신 혹은 신의 섭리의 산물이라고 함으로써 피지배 계급이 그것에 무관심하게 만들며, 다음으로 현실 세계에 존재하는 고통과 불평등을 마음의 문제로 생각하게 하여 현실로부터 도피하게 만듭니다. 그리하여 결국 "생활이 그대를 속일지라도 슬퍼하거나 노여워하지 마라"라고 속삭이는 것입니다.

이제까지 본 바와 같이 물질은 근원적이고 일차적이며 의식은 파생적이고 이차적입니다. 이러한 유물론을 머리로 인정하는 것은 쉽지만 그것을 실제로 현실에 올바르게 적용하는 것은 결코 쉽지 않습니다. 우리가 일상생활이나 사회적 실천 과정에서 쉽게 범하는 '주관주의'의 오류가 바로 그것을 증명합니다. 현실 세계에 기초해 일을 하거나 구체적인 실정에서 출발하는 것이 아니라, 자신의 주관적인 바람 혹은 주관적 상상에서 출발하는 것이 바로 주관주의이고 관념론적 태도입니다. 현실 세계, 즉 구체적 실정에서 출발해야만 주관주의의 오류를 피할 수 있고 올바르게 일을 해 나갈 수 있습니다.

일곱째 마당

생각이란 무엇인가

청춘 에세이

은둔을 멈추고 당당하게 살아가기

인간의 뇌

첫째 마디

앞서 우리는 물질과 의식의 관계에 대해 알아보았습니다. 즉 물질과 의식은 구별되며, 물질은 근본적이고 일차적인 데 반해 의식은 파생적이고 이차적이라는 것을 알았습니다. 그럼 이제 우리 자신의 머릿속 세계로 눈을 돌려 봅시다.

우리 머릿속에서는 다채롭고 미묘한 움직임이 끊임없이 일어나고 있습니다. 의식이란 이러한 일체의 심리 현상, 즉 감각이나 감정, 희망이나 의지 또는 상상, 나아가 '사고'라고 부르는 추리나 판단 작용 등 모두를 포함하는 말입니다. 이처럼 미묘하고 복잡한 의식의 본성을 어떻게 파악하면 좋을까요?

먼저 명백히 확인해 둘 필요가 있는 것은, 의식이 그 자체만으로 독립해 있는 것이 아니라 고도로 조직된 물질, 즉 뇌라는 물질에 의존하고 있다는 사실입니다(철학에서 말하는 물질이란 우리 의식과 독립하여 존재하고, 그 자체로 독립적인 운동을 하며, 모든 감각의 기초를 이루고, 그 감각을 기초로 하여 인식할 수 있는 객관적 실재를 말합니다). 더 구체적으로 말하자면 뇌의 활동, 그것이 바로 의식입니다. 의식이라고 부르는 것이 존재하는가 어떤가 하는 문제에 대한 답은 물론 '의식은 존재한다'입니다. 그러나 그것은 뇌라는 물질의 활동으로서 존재하는 것이며, 물질처럼 그 자체가 독립하여 객관적으로 실재하는 것은 아닙니다. 그러므로 뇌라는 물질이 없으면 일체의 의식 현상도 소멸해 버립니다. 반대로 의식이 없는 뇌는 존재합니다. 잠잘 때의 뇌, 혹은 시체의 뇌가 바로 그것입니다. 의식이 없는 물질은 얼마든지 있지만 물질이 없는 의식이란 없습니다.

그럼 의식으로 나타나는 뇌의 활동이란 어떤 것일까요? 그것은 감각이나 사고와 같이 여러 가지 형태를 취하면서 적극적으로 외계를 반영하는 활동입니다.

본래 물질은 외부에 있는 다른 물질을 반영하는 성질을 가지고 있습니다. 이것은 물질적 세계가 보편적인 관련 속에 있다는 것(모든 사물은 상호 관련을 맺고 있다)과 같은 주장입니다. 이를테면 지붕이 태양의 열과 빛을 반영하여 눈부시게 빛난다든지, 쇠망치로 책상을 두들기면 책상이 움푹 들어간다든지 하는 것처럼 물질은 외부에 있는 다른 물질을 반영합니다. 명탐정이 살인 시간·흉기·방법·범인을 추리하는 것은 시체의 경직 상태, 상처의 모양, 발자국 모양, 지문 등을 조사함으로써 가능합니다. 시체나 그 상처, 범인이 손을 댄 컵, 현장의 상황 등이 범행을 반영하기 때문이죠. 말하자면 그것들이 범행을 기억하고 있는 것입니다.

이러한 물질의 반영 작용은 자연의 역사적 발전, 특히 생물체의 발전 속에서 한층 복잡하고 수준 높은 형태로 점차 발전해 왔습니다. 무생물의 세계에서는 작용에 대한 반작용, 빛의 반사, 화학 반응 등이 반영의 주요 형태이지만, 생물체에서는 외계(환경)와 물질 대사를 함으로써 존재를 유지하는 것이 생물체의 기본적인 특징이기 때문에, 영양분으로 될 수 있는 것과 그렇지 않은 것을 분류한다든지 위험한 장소를 피하여 안전한 장소로 옮긴다든지 하는 훨씬 정밀한 방법으로 외계를 반영하여 그것에 대응합니다. 즉 생물체에서 외계의 반영은 외계로부터의 다양한 자극에 복합적으로 반응하는 형태를 취합니다. 그리고 생물의 진화에 따라 외계의 정보를 입수하는 방법도 점차 고도화하고 복잡해집니다. 즉 정보의 전달을 전문적으로 받아들이는 분업 기관인 신경계가 발달하여 그것이 척수가 되고, 나아가 척수의 끝이 신경계의 중심이 되어 뇌가 형성됩니다. 이 뇌는 고등 동물일수록 신피질이라고 부르는 부분이 발달하는데, 특히 인간의 경우*에는 이 부분이 고도로 발달하여 정밀하게 외계를 반영하면서 적극적으로 외계에 대응하기 위한 갖가지 명령을 내릴 수 있습니다.

　이처럼 의식의 내용은 모두 외계에 실재하고 있는 물질을 어떤 방식이나 형태로든 반영하고 있습니다. '어떤 방식이나 형태로든'이라는 말은 그 반영이 직접적일 수도 간접적일 수도 있고, 부분적일 수도 전체적일 수도 있으며, 거꾸로**일 수도 똑바를 수도 있고, 올바를 수도 그릇될 수도 있다는 것을 뜻합니다.

　예를 들어 매우 추상적이고 현실과 관계가 없는 것처럼 보이는 철학적 사색이나 추상 수학 같은 것은 실은 외계 사물의 부분적 측면이나 관계를 제거하고 그 공통점만을 생각하는 인간의 이성 활동의 한 형태입니다. 또한 현실에서는 존재하지 않는 상상의 괴물이라 하더라도 그 부분 부분은 실재하는 사물로부터 나온 것이며, 그것들을 일부 과장한다든지 여러 부분을 뜯어 맞춘다든지 하여 만들어 낸 것입니다. 눈이 하나인 괴물이나 팔이 네 개인 괴물, 혹은 용과 같은 상상 속의 동물은 모두 이렇게 해서 만들어진 것입니다.

　어떠한 것도 현실에 대응하는 무엇인가가 없는 한 그것을 의식하는 것은 불가능합니다. 이처럼 의식은 외계의 반영입니다. 하지만 이러한 상상이나 추리, 이해 속에서 단지 수동적인 데 그치지 않는 반영으로서 의식의 능동적인 본성이 나타나는 것입니다. ◎

- **인간의 뇌**
  인간의 뇌는 생물의 오랜 진화 과정을 거친 산물로서 옆의 그림에 대략 묘사한 것처럼 중층적 구조를 가지고 있으며, 각각의 부분이 서로 다른 기능을 분담하고 있다. 인간 의식의 특징인 '사고활동', 즉 이성과 그것에 기초한 행동의 지령은 주로 신피질에서 이루어진다. 이에 비해 동물 일반의 특징인 본능적 행동을 취급하는 것은 변연피질이라 부르는 부분이다. 즉 동물적 의식은 주로 변연피질의 활동에 의한 것이라고 할 수 있다. 뇌간과 척수는 생물 일반에 공통된 생체 조절 작용을 다루는 부분이다. 신피질이 파괴된다고 해서 사람이 죽는 것은 아니지만 생각하는 능력을 잃는다. 그러나 뇌간이 없어지면 인간은 죽는다.

- **현실의 역반영**
  일반적으로 종교적인 여러 가지 관념은 현실을 거꾸로 반영한, 즉 현실을 역반영한 것으로서 인간에 의해 만들어진 것이다. 인간의 무력감에 대한 역반영으로서 강대한 힘을 가진 신이라는 관념이 만들어졌다. 또한 현실 세계의 불공평에 대한 역반영으로서 저세상의 공평이, 지상의 암흑에 대해 하늘 나라의 광명이, 인간 세계의 허무함에 대해 하늘 나라의 영원성이 역반영되어 나타난 것이다. 이런 것들이 바로 종교적인 관념이다.

채플린의 콧수염

 그러면 이제 사람은 외계의 사물을 어떻게 반영하여 인식하고 의식하는지, 또 우리가 "저것은 무엇이다"라고 말할 때 그렇게 말하는 것은 어떤 과정을 통해서 이루어지는지에 대하여 생각해 봅시다.

 앞에서 우리는 의식이 외계의 사물을 반영한다고 말했습니다. 우리 주위를 보면 이와 비슷한 것이 있습니다. 사진기가 바로 그것입니다. 우리가 책상을 바라보고 그 모습을 알아보는 것처럼 사진기는 그 모습을 찍어 냅니다. 사실 우리의 감각 기관은 사진기와 매우 비슷합니다. 사진기는 우리 주위에 있는 여러 가지 모양의 사물을 찍어 냅니다. 그래서 우리가 사진을 보면 그 사물을 알아볼 수 있습니다.

 채플린은 영국의 유명한 희극 배우입니다. 그는 코밑에 조그만 수염을 달고 머리에는 다 떨어진 모자를 쓰고, 자기 몸에 맞지 않는 바지와 신발을 신고 단장 대신 참대 지팡이를 든 모습으로 무대에서 연기합니다. 그가 우리 눈앞에 나타났다고 생각해 봅시다. 우리는 그의 콧수염, 모자, 바지, 신발, 지팡이 등을 보고 '이 사람이 채플린이구나' 하고 생각합니다. 눈에 보이는 이러한 모습은 사진으로 찍은 채플린의 모습과 다름이 없습니다. 사진으로 찍을 수 있는 것은 사물의 표면적인 현상이며, 우리가 눈, 귀, 코 등의 감각 기관을 통하여 감득할 수 있는 것도 사물의 표면적인 현상에 지나지 않습니다. 콧수염, 떨어진 모자, 참대 지팡이 등은 모두가 채플린의 한 부분이며 동시에 그의 표면적 현상입니다. 그러므로 사진으로 찍을 수 있는 것은 우리 눈으로도 감득할 수 있다는 말이 되며, 이처럼 우리의 감각 기관이 감득할 수 있는 것을 우리는 '감성적인 것'이라고 부릅니다.

그런데 인간이 사물을 인식하는 것이 이러한 감성적 인식에 그치는 것일까요? 바꿔 말해 우리는 사진기에 찍히는 사물의 표면적 현상만을 인식할 수 있는 것일까요? 그렇지 않습니다. 인간의 인식은 사진기와 다릅니다. 만약 우리의 인식이 감성적 인식만으로 끝난다면 우리는 사진기와 마찬가지로 사물의 각 부분, 즉 수염, 모자, 바지, 지팡이 등만을 인식할 수 있을 것입니다. 하지만 우리의 인식은 그것만으로 끝나지 않습니다. 감성적 인식만으로는 부족한 것입니다. 인류의 인식이 사진기와 다른 점은 감성적 인식만으로 그치지 않는다는 데 있습니다. 인류는 감성적 인식과 더불어 더욱 고도의 인식능력을 가지고 있으며, 이러한 인식능력 덕택으로 사물의 표면 현상뿐만 아니라 사물의 더욱 깊은 근본 성질까지도 인식할 수 있습니다. 즉 수염이나 지팡이만을 단편적으로 인식하는 것이 아니라 채플린이란 사람 전체를 인식할 수 있는 것입니다.

그러면 채플린의 경우를 예로 들어 이야기를 좀더 진행시켜 봅시다. 앞에서 말한 바와 같이 사진에 찍힌 채플린은 단지 콧수염을 기른 사람에 불과하며 사진에 찍힌 그의 초라한 모습은 그 모습 자체 말고는 우리에게 더 이상 말해 주는 바가 없습니다. 하지만 다시 한 번 우리의 인식을 살펴보면 채플린의 여러 가지 표면적 현상만이 아니라 그 사람이 '희극 배우'라는 것을 알게 하는 측면이 있습니다. 이 희극 배우라는 생각은 수염이나 모자 등과 같은 개개의 부분을 대표하는 것이 아니며, 희극 배우라는 관념이 반영하고 있는 표면적인 초라한 모습도 아닌, 오히려 채플린이라는 사람의 근본 성질입니다. 이러한 근본 성질을 사진기가 찍을 수 있을까요? 그렇지 않습니다. 사진기는 근본 성질을 찍을 수 없습니다. 또한 우리의 감성적 인식만으로는 근본 성질을 인식할 수 없습니다. 만약 우리가 감성적 인식에만 의존한다면 우리는 수염이나 모자, 지팡이 등만을 인식할 수 있을 것입니다. 따라서 우리가 감성적 인식만 할 수 있다면 채플린의 수염은 독일의 독재자, 히틀러의 수염과 비슷해서 두 사람을 구별할 수 없을 것입니다. 그러나 조금만 더 생각해 보면 히틀러와 채플린이 전혀 다른 사람임을 알 수 있습니다. 채플린은 희극 배우이고 히틀러는 독재자인 것입니다.

한편 희극 배우라는 생각에는 또 다른 측면이 있습니다. 우리는 지금까지 채플린만을 예로 들어 "그는 희극 배우이다"라고 말해 왔는데, 다른 외국 영화를 보면 희극 배우에는 채플린 한 사람만 있는 것이 아니라 여러 사람이 있음을 알 수 있습니다. 로이드, 로레드, 하디 들도 모두 희극 배우입니다. 물론 이들 외에도 많은 희극 배우가 있죠. 그러므로 희극 배우라는 말은 단지 채플린의 특성만을 대표하는 것이 아니라 로이드, 로레드, 하디 같은 많은 희극 배우들의 특성을 대표하고 있습니다. 만약 우리가 감성적 인식에만 의존한다면 우리는 로이드, 로레드, 하디 등의 표면적인 모습밖에 볼 수 없을 것입니다. 사실 이들의 모습은 제각기 아주 다릅니다. 감성적 인식은 우리로 하여금 이러한 표면적인 차이점을 알게 합니다. 그러나 우리의 인식은 감성적인 것에만 의존하는 것이 아니어서, 이 사람들이 표면적으로는 크게 달라 보이지만 그들 역시 희극 배우라는 것을 알 수 있습니다.

따라서 우리가 이들을 희극 배우라고 부를 때에는 표면상의 차이점을 떠나서 그들이 근본 성질상 서로 같다는 점을 파악하고 있는 것입니다. 다시 말해서 우리는 감성적 인식을 통해 그들의 차이점을 보지만, 거기서 그치지 않고 그들이 근본 성질상 동일한 점을 가지고 있음을 파악하는 것입니다. 이처럼 표면적 차이점이 아닌 그 내적 연관성을 파악하는 것은 감성적 인식을 통해서가 아니라 우리의 다른 인식능력, 즉 이성적 인식을 통해서 가능합니다.

이처럼 우리의 인식은 감성적 인식과 이성적 인식을 통해서 이루어집니다. 감성적 인식은 인간의 감각 기관이 사물에 작용해서 이루어진 생생한 인식이며 사물의 외적 측면인 현상에 대한 인식으로서 단편적, 표면적이며, 여기에는 감각, 지각, 표상과 같은 인식형태들이 포함됩니다. 이에 반해 이성적 인식은 인간의 이해력으로 획득하는 인식으로서, 사물의 본질과 내적인 연관성, 운동 발전의 합법칙성을 인식합니다. 이성적 인식에는 개념, 판단, 추리 같은 인식형태들이 있습니다.

그런데 감성적 인식과 이성적 인식은 서로 모순 관계에 있습니다. 앞에서 나온 채플린의 경우를 예로 하여 생각해 봅시다. 감성적 인식은 채플린이 콧수염이 있고 히틀러도 콧수염이 있으므로 두 사람이 같다고 감지하는 데 반해, 이성적 인식은 채플린과 히틀러는 전혀 다른 사람이라고 인식합니다. 또한 감성적 인식은 로이드와 채플린은 같지 않으며 로레드, 하디 등과도 다르다고 느끼는 데 반해 이성적 인식은 그들의 내적인 연관성을 파악하여 그들이 희극 배우라는 점에서 동일하다고 인식합니다. 즉 이성적 인식은 감성적 인식이 동일하다고 느낀 것을 동일하지 않다고 인식하며, 감성적 인식이 동일하지 않다고 느낀 것을 동일하다고 인식합니다. 이처럼 감성적 인식과 이성적 인식은 상호 대립합니다.

하지만 만약 감성적 인식이 존재하지 않는다면 이성적 인식도 존재할 수 없습니다. 채플린의 표면적인 현상을 인식할 수 없다면 채플린이 희극 배우라는 것도 인식할 수 없습니다. 한편 감성적 인식은 이성적 인식을 통해 그 의미가 좀더 확실해지고 깊어집니다. 이처럼 감성적 인식과 이성적 인식은 상호 대립하면서 상대방을 자기 존재의 전제로 하는 상호 의존 관계로 결합되어 있습니다. 우리의 인식이 행해지는 과정은 하나의 모순인 셈입니다.

　지금까지 말한 것처럼 인간의 인식은 외계 사물에 대한 반영으로서, 감성적 인식과 이성적 인식의 과정을 통해서 이루어집니다. 감성적 인식과 이성적 인식의 상호 작용을 보면, 감성적 인식이 외계 사물에 작용해서 사물의 본질을 인식할 수 있는 자료를 제공하면 이에 기초해서 이성적 인식이 진행됩니다. 이성적 인식은 감성적 인식과 상호 작용하면서 인간의 실천적 요구에 맞게 감성적 인식의 대상과 방향을 바로잡아 주며 사물의 본질과 내적인 연관성, 운동 발전의 합법칙성을 깊이 인식할 수 있게 합니다. 인간의 위대함은 바로 이러한 이성적 인식을 통해서 나타납니다.

몸으로 배우다

셋째 마디

인간이 진보해 온 역사는 세계에 대해 인간의 인식이 확대되고 심화되어 온 역사이기도 합니다. 주위의 자연 환경에 대해 희미한 인식밖에 가지지 못한 채 자연에 있는 여러 가지 힘이 신에 의한 것이라고 믿는다든지 땅 아래는 지옥이고 하늘 위는 천국이라고 생각했던 시대부터, 둥근 지구의 전체 모습이나 달의 반대쪽까지 카메라로 찍어 낼 수 있게 되고 몇만 광년(빛이 1년 걸려 도달하는 거리), 몇십만 광년이나 떨어져 있는 별의 물질 구성을 확실한 통계에 기초하여 알아내는 오늘날에 이르기까지 인간의 인식은 매우 커다란 발전을 해 왔습니다.

그럼 인간의 인식은 무엇에 의하여 이처럼 심화되고 확대된 것일까요? 인간의 지적 호기심 혹은 진리에 대한 정열이 인식의 심화와 확대를 가져왔을까요? 지적 호기심이나 진리 추구의 정열이 인식의 발전을 촉진하는 힘이 된다는 것은 확실합니다. 만약 그것을 인식이 발전하는 데 궁극적 추진력이라고 생각한다면, 원시인이나 고대인이 오랜 세월 동안 달의 반대쪽이나 지구 자체에 관해서 올바르게 인식하지 못했던 것은 현대인에 비해 지적 호기심이나 진리에 대한 정열이 훨씬 적었기 때문이라고 말할 수밖에 없습니다. 그러나 실제로 원시인이나 고대인이 얼마나 왕성한 '지적 호기심'을 가지고 이런 문제를 생각했는가는 여러 신화나 그 밖의 여러 가지 사실들이 잘 말해 주고 있습니다. 또한 '지적 호기심'이나 '진리 탐구의 정열'은 그 자체만으로 인간의 머릿속에 형성되는 것이 아닙니다. 따라서 무엇이 그런 것을 인간의 머릿속에 생기게 하는가 하는 점이 문제로 대두됩니다.

그러면 역사적 사실은 어떠한가, 이것에 대하여 살펴봅시다.

본래 인간은 옛날부터 자기가 가지고 있는 모든 힘을 발휘하여 자연에 대응하고, 자연을 인간 생활에 이용하기 위해 노력해 왔습니다. 그러한 노력 없이는 인간이 생존을 유지할 수 없었기 때문입니다. 이런 노력 속에서 자연에 관한 인식이 발전했습니다.

강가에 있는 자연 그대로의 돌을 도구로 사용할 수 있다는 인식으로부터, 그것을 그대로 사용하는 것보다 깨뜨려서 사용하는 것이 더 효과적이라는 인식으로, 나아가 그것을 손으로 직접 잡고 사용하는 것보다 막대기 끝에 매달아 사용하는 것이 더 효과적이라는 인식으로, 나아가 강가에 있는 자연 그대로의 돌보다 흑요석(화산암의 일종)이 더 효과적이며, 단지 깨뜨려서 사용하는 것보다 갈아서 사용하는 쪽이 훨씬 효과적이라는 인식으로 바뀌어 왔습니다.

그런데 인식이 이렇게 조금씩 발전해 온 배후에는 수만 년, 수십만 년

에 걸쳐서 우리의 선조가 자연과 투쟁하며 바친 거대한 노력과 그 속에서 얻은 많은 경험이 축적되어 있습니다. 오늘날의 자동화된 생산, 원자력의 이용, 나아가 우주 공간이나 해양 등의 개발은 모두 자연에 대한 인간 인식의 거대한 전진과 함께, 우리 선조들의 노력과 거기서 얻어진 성과 위에서 이루어진 것들입니다.

인간은 자연을 개조해 나가는 과정에서 자연에 관한 인식을 한 걸음 한 걸음씩 확대하고 심화시켜 왔습니다. 심화되고 확대된 인식은 그것을 적절히 이용하면 자연에 대한 인간의 대응을 더한층 확대하고 심화시킵니다. 그리고 그것은 다시 또 인식의 확대와 심화를 가져옵니다. 그러므로 원시인이나 고대인이 지구와 달에 관해서 올바른 인식을 가지지 못했던 것은 그들의 지적 호기심이나 진리 탐구의 정열이 부족했기 때문이 아니라 당시의 여러 역사적 조건에 제약되어 있었기 때문입니다. 바꿔 말해 실천의 수준이 그것을 허락하지 않았던 것입니다.

이처럼 인간의 인식을 발전시키는 궁극적인 추진력은 외계에 대한 인간의 대응, 즉 실천*입니다. 본래 실천은 모든 인식이 성립하는 기초입니다. 외계와 접촉하지 않으면 외계를 인식하는 데 필요한 어떠한 재료도 얻을 수 없습니다.

이런 접촉의 장(場)이 바로 실천입니다. 자연에 관한 인식은 자연에 대한 대응, 즉 생산노동이라는 실천에서 시작하며, 사회에 관한 인식은 사회적 실천에서 싹트는 것입니다.

이처럼 실천은 인식이 생겨나고 자라나게 하는 기초이고 인식을 발전시키는 추진력이기도 하지만, 나아가 인식의 본래 목적이기도 합니다. 역사를 되돌아보면 명백히 알 수 있듯이 인간이 외계를 인식하기 위해 들인 노력은 결코 목적 없는 것이 아니었으며, 단지 '알기 위해서 안다'는 식의 자기 목적적인 것도 아니었습니다. 고대의 천문학과 기하학의 발달은 항해나 농업을 위한 측량이라는 실천적 필요에 의하여 촉진되었습니다. 사물에 효과적으로 대응하기 위해서 사물에 관한 올바른 인식을 추구하였던 것이지요. 실천적 요구로 인해, 그리고 더 효과적으로 실천하기 위해서 ― 바로 이 점에 인식의 목적이 있는 것입니다.

한편 실천은 인식의 토대이자 인식의 목적일 뿐만 아니라, 인식의 진리성을 검증하는 기준이기도 합니다. 즉 실천은 진리의 기준입니다. 독이 있는 버섯을 독이 없는 버섯이라고 잘못 생각하여 먹으면 그 독에 중독되는 결과가 생기기 때문에 그 인식이 잘못되었다는 것 ― 진리가 아니라는 것 ― 이 증명됩니다. 오늘날 우리가 여러 가지 버섯에 관해서 '이것은 먹을 수 있지만 저것은 독이 있어서 못 먹는다'라는 지식을 갖게 된 것은 오랜 기간 동안 버섯에 관한 실천 ― 성공과 실패의 실천 ― 이 있었

---

* **실천**
여기서 말하는 실천이란 개인의 고립된 실천을 말하는 것이 아니라 다수의 사회적 실천을 의미하며, 따라서 인식도 수많은 사람이 인식을 교류함으로써 만들어내는 사회적 인식이라는 점에 주의를 기울일 필요가 있다. 인류의 문화는 200만 년 넘게 인류의 인식이 사회적으로 축적된 것을 바탕으로 성립했다. 만약 실천이나 인식을 개인적인 범위에만 좁게 한정해 버린다면 '자신의 경험이 전부이다'라는 주관적 관념론에 빠져 버릴 것이다. 사회와 무관하게 형성되는 개인적인 경험이란 존재하지 않는다. 어린아이의 경험이라 하더라도 부모나 주위에 있는 사람들과의 관계 속에서 사회적으로 형성된다. 개개인이 직접 경험할 수 있는 범위는 극히 한정된 것이다. 그러므로 최대한 전면적으로 인식하기 위해서는 다른 사람의 실천 및 경험을 배워야 하고, 다방면에서 정보를 종합하고 많은 사람의 지혜를 결집하는 것이 필요하다. 또한 인류의 역사적·사회적 실천을 근거로 하여 형성된 인식의 성과인 여러 이론들을 배울 필요가 있다.

기 때문입니다. 물론 버섯에 관한 것뿐만 아니라 우리들이 가지고 있는 과학적인 지식은 모두 이러한 실천의 검증을 통해 얻어진 것입니다.

'인식의 진리성을 가르는 기준은 실천이다'라는 말은 '유용하기만 하면 그것은 진리다'라는 주장과는 다릅니다. 한마디로 '유용하다' 하더라도 그것에는 여러 가지 경우가 있습니다. 단지 눈앞의 이익만을 위하여 유용한 경우도 있고, 어떤 개인에게만 주관적으로 유용하다고 느껴지는 경우도 있을 것입니다. 그렇지만 이처럼 단지 일시적이고 주관적인 유용성을 진리의 기준으로 삼을 수는 없습니다. 만약 눈앞의 이익에 유용한 것을 진리의 기준으로 삼는다면, 거짓말을 하는 것이 눈앞의 이익을 위하여 유용한 경우 '거짓말도 역시 진리다'라는 주장을 하게 될 것입니다. 또 단순한 주관적 유용성을 진리의 기준으로 삼는다면, 어떠한 미신이라 할지라도 그것을 믿는 사람에게 그것이 주관적으로 유용하기만 하면 그 사람에게는 진리라는 결론이 나올 것입니다.

과학 실험이 사람들을 설득할 수 있는 이유는 설령 그것이 단 한 번일지라도 같은 조건에서 같은 방법을 사용하면 누구라도 언제나 기본적으로 동일한 결과를 얻는다는 것을 객관적으로 증명할 수 있기 때문입니다. 이에 반해 종교를 갖는 신앙인이 자주 말하는 '신앙 체험'은 사람들을 설득할 수 있는 객관적 조건을 갖추고 있지 못하다는 점에서 주관적 주장에 불과합니다. 이런 주관적 주장은 그것을 아무리 객관성으로 위장한다 하더라도 기껏해야 일시적으로 일부 사람들을 사로잡을 수 있을 뿐 결코 대다수의 사람을 장기간에 걸쳐 설득할 수는 없습니다. 실천 속에서 점차 그것에 반대되는 증거가 나타나기 때문입니다. 바로 여기에 신앙 체험과 과학 실험의 본질적 차이가 있습니다.

진리란 객관적 대상을 정확하게 반영한 인식 내용을 말합니다. 그러므로 진리는 주관적이지 않고 객관적입니다. 하나의 문제에 대해서는 단지 하나의 진리만이 있을 뿐입니다. 사람에 따라, 때에 따라, 또는 계통에 따라 서로 다른 진리가 있을 수 없습니다.

실천이 진리의 기준이라는 것은, 많은 사람들의 실천에 의하여 어떤 방법으로든 그것이 객관적으로 검증될 수 있는 조건을 갖추어야만 그것을 객관적 진리라고 말할 수 있다는 의미입니다. 그러므로 단지 대다수의 사람들이 그것을 진리라고 인정하는가 안 하는가를 가지고 진리의 기준으로 삼을 수는 없습니다. 만약에 이 주장이 옳다면, 중세의 대다수 사람들이 인정하던 천동설이 진리이고 소수의 의견이었던 지동설은 오류가 될 것입니다. 이처럼 진리는 대다수의 사람이 그것을 진리라고 생각하기 때문에 진리인 것은 아닙니다.

진리는 객관적 현실을 정확하게 반영하기 때문에 현실과의 관계에서 유용성을 발휘합니다. 그것의 거꾸로 된 주장, 즉 유용하기 때문에 진리인 것은 아닙니다. 진리는 객관적 현실을 정확하게 반영하기 때문에 설령 일시적으로 소수의 찬성밖에 얻지 못한다 하더라도 결국 대다수 사람들의 찬성을 얻게 되는 것입니다. 그 역은 절대로 아닙니다. 이것이 진리에 관한 올바른 주장입니다.

  실천은 인식의 토대이자 목적이며, 동시에 진리의 기준이기도 합니다. 만약 실천이 없다면 우리는 아무것도 인식할 수 없습니다.

> **불가지론**
>
> 철학의 한 견해로서 불가지론(不可知論)이 있다. 이 주장의 내용은 '우리는 사물 그 자체의 본질은 인식할 수 없다'는 것이다. 예를 들어 여기 한 개의 사탕이 있다고 하자. 불가지론은, 우리가 그것이 달다는 것을 알고 있지만 이것은 우리의 감각 기관이 달다고 느끼기 때문이며, 이 감각은 완전히 우리 혀끝의 감각 기관에 의존하는 것으로서 우리는 사탕 그 자체의 본질을 인식할 수는 없다고 주장한다. 또 우리가 어떤 사람의 한 면을 볼 때 동시에 다른 측면을 볼 수 없기 때문에 우리가 인식할 수 있는 것은 감각 기관을 통해 우리가 느낀 것뿐이며 그 사람 자체에 대해서는 인식할 수 없다고 주장한다. 하지만 사탕이 달다는 것은 우리 혀끝으로 그것을 느끼기 때문에 단 것이 아니라 사탕 그 자체에 단맛을 내는 요소가 존재하기 때문에 혀끝을 통해 단맛을 느끼는 것이며, 과학의 발달에 의해 사탕에서 단맛을 내는 요소가 무엇인지도 밝혀졌다. 사람의 경우도 처음에는 그 사람의 한 측면만을 볼 수 있을 뿐이지만 그 사람과 접촉함으로써 점차 그의 여러 측면을 인식할 수 있다.
>
>   불가지론은 인간이 인식한 것과 아직 인식하지 못한 것을 인식할 수 있

는 것과 인식할 수 없는 것으로 슬쩍 바꿔치기한 것이다. 이는 옛날에 태양이 어떤 물질로 구성되어 있는가 하는 문제에 대해서 과학이 아직 발달하지 않아 해답을 찾지 못한 것, 즉 아직 알지 못한 것을 우리가 인식할 수 없는 것이라고 마음대로 단정해 버린 것과 같다. 불가지론에 따르면 '태양은 어떤 물질로 구성되어 있는가'라는 질문에 인간은 영원히 대답할 수 없다는 결론이 나온다. 하지만 과학의 발달은 태양을 이루는 물질이 무엇인지, 또 이 물질이 어떤 작용을 하는지에 대한 해답을 주었다. 태양이 약 80%의 수소와 약 20%의 헬륨으로 이루어져 있으며, 태양에서 나오는 열은 수소가 헬륨으로 전환하는 원자핵 반응에 의하여 일어난다는 사실이 밝혀진 것이다. 이처럼 불가지론은 과학이 발달함에 따라 그 부당성이 지적되어 왔으며, 인류의 역사는 '세계에 존재하는 모든 사물은 인식 가능하다'는 것을 증명하고 있다.

무조건 옳다?

객관적 세계는 여러 가지 측면을 가지고 있고, 무수한 상호 연관 속에서 끊임없이 변화·발전하고 있습니다. 그러므로 객관적 세계에 관한 인간의 인식, 즉 객관적 진리를 파악하는 일 역시 끝이 없는 과정입니다. '이로써 나는 모든 것을 다 인식하였다'라고 자부하는 것은 독단에 불과하며, 우리는 진리 앞에서 겸허하지 않으면 안 됩니다.

우리와 관련을 갖는 것들은 객관적 세계의 일정한 역사적 조건 하에서의 일정한 측면입니다. 그러므로 인간이 파악하는 객관적 진리란 모두 일정한 역사적 조건에서의, 일정한 범위에서의 인식에 불과합니다. 그런 의미에서 인간의 인식이 갖는 진리성은 항상 상대적·조건부적입니다. 우리들이 파악하는 객관적 진리는 이런 의미에서 모두 상대적 진리˚로 나타납니다.

그러나 이것은 인간의 인식이 항상 애매한 것으로 존재할 수밖에 없다는 뜻은 아닙니다. 상대적 진리라 할지라도 역시 그것은 진리이기 때문에 주관적이지 않고 객관적이어서 나름대로 객관적 성격을 갖추고 있으며, 거기에는 어느 정도의 무조건 올바른 인식, 즉 절대적 진리*가 포함되어 있습니다. 따라서 인간이 파악하는 객관적 진리는 상대적 진리이며 동시에 절대적 진리의 일부분을 포함하고 있습니다. 상대적 진리라는 표현은 객관적 진리의 인식을 역사적 발전 과정에서 본 것으로, 상대적 진리는 절대적 진리의 부분 요소라고 할 수 있는 올바른 내용을 포함하고 있습니다.

그러므로 상대적 진리와 절대적 진리는 별개의 것으로서 서로 분리되어 있는 것이 아니라 상대적 진리를 통해서 절대적 진리가 나타나는 것입니다(모든 사물은 상호 관련되어 있다는 것을 생각해 보십시오). 인간의 인식은 결국은 불확실한 것이어서 절대적 진리를 인식할 수 없다는 주장은, 상대적 진리와 절대적 진리를 '절대적'으로 분리함으로써 인식의 상대성만을 일면적으로 강조하는 잘못된 생각이 깔려 있습니다.

이를테면 뉴턴 역학은 19세기 말까지 자연의 모든 영역에 적용할 수 있는 완전한 이론, 궁극의 절대적 진리라고 생각되어 왔습니다. 그러나 오늘날에 이르러서는 원자 안에 있는 전자의 운동과 같은 아주 미세한 세계의 운동에는 뉴턴 역학이 들어맞지 않는다는 사실이 알려짐으로써 양자론이라는 것이 새롭게 나타났습니다. 이것은 뉴턴 역학의 절대성이 부인되었음을 의미합니다. 그러나 그것이 뉴턴 역학의 진리성 모두가 부인되었다는 것을 의미하지는 않습니다. 자연의 어떤 일정한 범위에서는 뉴턴 역학이 여전히 올바르고 유용하며, 그 범위 안에서는 절대적 진

* **상대적 진리, 절대적 진리**
  절대적 진리란 어떤 조건 하에서나 타당한 것을 말한다. 따라서 절대적 진리는 무조건부 진리라고 할 수 있다. 이에 비해 상대적 진리란 어떤 조건에서만 타당한 것을 말한다. 그러므로 상대적 진리는 조건부 진리라고 말할 수 있다.

리성의 일부분을 간직하고 있다고 말해야 합니다. 이런 부분은 뉴턴 역학과 상대성 이론의 관계에 대해서도 마찬가지입니다. 모든 과학의 발전은 이렇게 추진되는 것입니다.

인간의 인식이 갖는 상대적 진리성과 절대적 진리성의 관계는, 우리의 인식이 한번 획득되면 언제까지나 그대로 통용될 수 있는 것이 아니라 끊임없이 그 불충분함을 자각하면서 한층 전면적인 인식으로 발전시키지 않으면 안 된다는 것, 그 인식을 현실의 발전에 뒤떨어지지 않도록 끊임없이 전진시키지 않으면 안 된다는 것을 우리에게 가르쳐 줍니다.

또한 이 관계는 진리는 구체적이기 때문에 일반적으로 아무리 올바른 이론일지라도 그것을 구체적인 상황에 대한 구체적인 분석 없이 그대로 적용한다면 오류로 전화할 수도 있다는 것을 명백히 말해 줍니다. 만약 이런 점을 무시한다면 우리는 교조주의의 오류에 빠질 것입니다.

이론이 실천의 지침으로 될 수 있는 것은 거기에 절대적으로 올바른 인식이 포함되어 있기 때문입니다. 단, 일반적인 이론을 지침으로 하여 실천으로 나아가려고 하는 경우, 무엇보다도 중요한 것은 현실이 처해 있는 상황, 여러 가지 조건, 연관성 등을 분석하여 일반적인 이론에서 취할 수 있는 요소를 명백히 함으로써 그 현실에 적합한 인식을 새롭게 획득하지 않으면 안 된다는 점입니다. 왜냐하면 이러한 인식만이 올바른 실천을 가능케 하기 때문입니다.

새처럼 자유롭게 난다는 것

다섯째
마디

이미 밝힌 것처럼 인간의 의식은 수동적인 성격만이 아니라 능동적인 성격도 가지고 있습니다. 물질이 근본적이고 일차적이며 의식은 파생적이고 이차적이라 해서 의식의 중요성을 인정하지 않는 것은 올바르지 않은 태도입니다.

앞에서 노동조합의 노동자들이 자기들을 배신한 노동자를 위문하기 위해 그 집을 찾아간 것은 존재가 의식보다 근본적이기 때문이지만, 동시에 노동자들이 이러한 사실을 의식하고 있었기 때문입니다. 우리가 '존재는 의식보다 근본적이다'라고 의식하기 때문에 존재가 의식보다 근본적인 것이 아닙니다. 우리가 의식하든 안 하든 간에 존재는 의식보다 근본적입니다. 그러나 노동자들이 그러한 행동을 할 수 있었던 것은 이런 사실을 의식하고 있었기 때문이며, 이런 의식이 없었더라면 오히려 '불이 나서 잘됐다'라고 생각했을 것입니다. 이처럼 의식은 존재를 반영한다는 의미에서 수동적인 성격을 갖지만, 동시에 적극적이고 능동적인 성격도 갖습니다. 따라서 의식의 힘을 무시해서는 안 됩니다.

그럼 의식이 어떤 힘을 가지고 있는지에 대해서 생각해 봅시다.

본래 인간의 행동은 특수한 경우를 제외하면 모두 의식을 수반하면서 일어납니다. 인간이 인간인 까닭은 동물과 달리 생물학적 삶을 영위하기 위해 노동을 하기 때문입니다. 노동하는 인간은 '이러한 것을 만들어 보자'라고 먼저 머릿속에 그려 놓은 — 이런 의미에서 아직 현실에 존재하지 않는 — 관념적인 청사진을 기초로 하여 노동을 함으로써 자연을 변화시킵니다.

배가 고파서 밥을 먹는 행위를 보면, 배가 고프다는 감각(의식)이 인간을 행동으로 나아가게 하고 배가 부르다는 감각(의식)에서 그 행동이 끝나게 됩니다. 이것은 아무도 부정할 수 없는 사실입니다.

그런데 어떤 철학자들은 이 사실을 이론적인 근거로 하여 다음과 같이 주장합니다. "봐라! 의식은 이처럼 위대하다. 모든 것은 의식으로써 시작된다. 노동의 경우를 보더라도 그렇지 않은가? 처음에 관념이 있고 다음에 그 반영으로서 존재가 있는 것이다." 그러나 이것은 잘못된 생각입니다. 노동의 경우를 보더라도 의식에 앞서서 먹는다든지 마신다든지 산다든지 입는다든지 하는 현실의 물질적 생활에서 요구하는 것들이 있고, 의식은 거기서부터 만들어집니다. 밥을 먹는 경우를 보더라도 위장이 비어 있다는 객관적인 사실이 먼저 있고 난 다음에 그로부터 배가 고프다는 의식이 생기는 것입니다. 배가 부르다는 의식의 경우에도, 병이 없는 한 위장이 현실적으로 가득 찼다는 객관적인 사실이 선행하는 것입니다. 이처럼 앞의 주장은 의식과 관념에 선행하는 현실의 생활이나 객관적인 실재를 무시함으로써 성립하는 견해입니다. 즉 이러한 주장은 이론적으로 전체적인 연관 속에서 의식의 능동성이라는 요소만을 강조하여 과장·확대함으로써 성립합니다. 우리는 의식의 능동적인 힘을 과소평가해서도 안 되지만 과대평가해서도 안 됩니다.

우리는 현실 생활이나 객관적 실재와의 연관 속에서 의식의 능동성을 정확하게 파악하여 그것을 올바르게 발휘해야 한다는 것을 알아야 합니다. 즉 객관적 실재에 대한 올바른 반영을 만들어 내고, 그 인식을 일정한 목적에 유용한 것으로 만듦으로써 자유를 획득하고 나아가 그것을 확대시킬 수 있는 것입니다. 여기에 인간 의식의 위대함이 있습니다.

자유란 보통 그 무엇에도 속박되지 않고 밖으로부터 강제되지 않는 것이라고 말합니다. 그러나 만약 '새처럼 자유롭게' 푸른 하늘을 날고 싶다고 생각하여 옥상에서 뛰어내린다면 중력의 법칙에 의하여 처참한 결과에 이르게 될 뿐입니다. 인간 자신도 자연 법칙에 지배받고 있으며 결코 이 법칙으로부터 자유로울 수 없습니다. 푸른 하늘을 자유롭게 날아다니는 새의 경우에도 실은 자유롭게 날고 있는 것이 아닙니다. 철새는 계절에 따라 서식지가 결정되고 날아가는 길도 정해집니다. 종달새는 보리밭에, 갈매기는 해변으로 사는 곳이 결정되어 있습니다. 갈매기

가 보리밭 위를 나는 일은 절대 없으며, 종달새가 해변에서 날아다니는 일도 없습니다. 새는 이런 일을 자신의 자유의지에 따라 행하는 것이 아닙니다. 동물에게는 자유의지라는 것이 없습니다. 유전자에 의해 정해져, 태어나면서부터 본능적으로 주어진 환경에 순응하면서 살아가는 것입니다. 환경에 순응하여 자기 자신을 변화시키는 것, 이것이 동물의 진화입니다. 그러므로 '새처럼 자유롭게'라는 말은 문학적 비유로서는 훌륭하지만 과학적으로는 진실이 아닙니다.

이처럼 객관 세계와 거기에 작용하는 필연성이나 법칙성은 인간의 의지나 소망과 관계없이 독립하여 존재하는 것이며, 자신의 의지에 따라 자기가 생각하는 대로 마음대로 바꾼다든지 만든다든지 하는 것은 불가능합니다. 만약 그렇지 않다면, 이 같은 필연성 위에 성립하는 세계와 별도로, 정신이나 의지는 밖에서 가해지는 강제에 항거하여 스스로를 자율적으로 결정하는 것이 가능하므로 그러한 정신이나 의지 영역에서의 자유야말로 인간의 진정한 자유가 아니냐 하는 견해가 생깁니다. 확실히 우리가 머릿속으로 '저것을 하자' 혹은 '이것을 하고 싶다'라고 결정하는 것은 얼마든지 가능하고 '자유'입니다. 그러나 그것이 현실적인 것으로 되지 않는 한 그러한 '자유'는 그야말로 머릿속에서 만들어진 공상적인 자유에 지나지 않습니다. 이것을 현실적인 자유라고는 할 수 없습니다.

그러면 인간은 이런 객관 세계의 필연성이나 법칙성 앞에서 그야말로 무력한 존재이고 단지 지배받기만 하는 존재에 불과한 것일까요? 결코 그렇지 않습니다.

　자유는 필연성과 대립하는 것이 아니라 이러한 필연성을 인식하고 그것을 우리들의 목적을 위하여 이용하는 데에서 성립합니다. 그러므로 필연성은 자유를 성립시키는 전제 조건이 됩니다. 즉 객관 세계를 지배하는 법칙성을 파악함으로써 거꾸로 객관 세계를 지배하는 데에서 진정한 인간의 자유가 성립하는 것입니다. 고대 사람들은 홍수나 번개 앞에서 두려움에 떨었지만, 오늘날 우리들은 거기에 작용하고 있는 법칙성을 인식하고 그것을 목적의식을 갖고 이용하여 치수 공사를 한다든지 피뢰침을 설치한다든지 함으로써 그것의 파괴적 힘을 방지할 수 있게 되었습니다. 또 커다란 폭포는 한순간에 사람을 삼켜 버릴 만큼 위험한 것이지만, 기계적 에너지가 전기적 에너지로 전화될 수 있다는 법칙성에 기초하여 그 거대한 에너지를 자각적으로 이용함으로써 발전소를 만들었습니다. 이처럼 인간은 자연의 힘을 파악하여 이것을 개조하고 지배하는 것이 가능합니다.

　따라서 자유란 본래 인간에게 갖추어져 있는 것이 아니라 역사적인 산물이며, 과학적 인식이 심화되면서 더 커다란 자유로 확대되어 가는 것입니다. 동물과 막 구별되기 시작했을 당시에 인간이 가졌던 자유 — 그 중 가장 중요한 것은 마찰에 의하여 불을 일으키는 기술을 습득하는 것입니다 — 와 원자력을 이용하게 된 현대 인간이 가지고 있는 자유를 비교해 보면 이러한 사실은 명백해집니다.

  자유의 이런 본질은 단지 자연의 개조에만 한정되지 않습니다. 인간 사회에서도 마찬가지입니다. 인간에 의한 개조는 사회적으로도 이루어집니다. 따라서 우리는 자연에 대해서와 마찬가지로 인간과 사회에 관해서도 거기에 작용하고 있는 필연성을 명백히 인식하고, 이 인식을 기초로 하여 사회를 더 나은 상태로 만들기 위한 활동을 벌여야 합니다. 여기에 인간으로서의 진정한 자유가 있으며, 이를 위하여 노력하는 데에서 인간의 의식이 수행하는 위대한 역할이 나타나는 것입니다.

여덟째 마당

남은 이야기들

철학에세이

물기에 중요 문답과 학습문제

손오공과 조요경

첫째 마디

중국 소설 《서유기》를 보면 손오공이라는 원숭이가 나옵니다. 손오공은 자기 몸을 자유자재로 바꿀 수 있고 여러 가지 재주가 많았기 때문에 천궁과 지옥, 용궁을 마음대로 휘젓고 다녔습니다. 그는 물속에서 물고기로 변하고, 또 갑자기 하늘을 나는 새로도 변하며, 돌로 변하는가 하면 다시 묘당으로 변하는 등 자유자재로 몸을 변화시켰습니다. 변화는 그의 가장 큰 특기였고, 이 때문에 사람들은 그를 볼 수도 잡을 수도 없었습니다. 손오공이 하도 말썽을 부리면서 돌아다니자 천궁에서 그를 잡기 위해 병사를 보냅니다. 그런데 손오공이 변신술에 능했기 때문에 천궁에서는 병사들에게 조요경이라는 거울을 주어 보냅니다. 조요경은 손오공이 아무리 몸을 바꾼다 하더라도 그것으로 들여다보면 그 본래의 모습이 나타나는 거울입니다. 결국 손오공이 병사와 싸우다 묘당으로 변신하면서 꼬리를 감추지 못해 깃대로 만들었는데, 천궁의 병사들이 조요경으로 이 간교한 꾀를 곧 알아차리고 손오공을 붙잡습니다.

물론 손오공 이야기는 소설 속에나 나오는 허무맹랑한 이야기입니다.

그런데 이 이야기를 꺼낸 것은 우리 주위에 이와 비슷한 일이 있기 때문입니다. 우리 주위를 보면 평소에는 자기에게 매우 좋지 못한 감정을 가지고 사사건건 트집을 잡다가 어느 날은 갑자기 웃는 낯으로 대하는 사람이 있습니다. 또 평소 잘 지내다가 갑자기 욕을 하고 덤벼드는 사람을 보는 경우도 있습니다. 물론 이러한 주위 사람들의 태도 변화는 손오공의 변화와는 다르지만 어쨌든 하나의 변화입니다.

그런데 손오공이 물고기로 변한 경우, 이 물고기는 정말로 물고기일까요? 아닙니다. 물고기는 그가 표면상으로 몸을 감추기 위한 것이며 그 본질은 역시 손오공입니다. 평소에 나와 감정이 좋지 않던 사람이 갑자기 나에게 웃는 얼굴로 대한다고 해서 그는 어제의 그 사람이 아닐까요? 그렇지 않습니다. 그는 역시 나와 감정이 좋지 않은 어제의 바로 그 사람입니다. 따라서 우리는 사물의 표면만을 보아서는 안 되며 그 본질에 주의해야 합니다. 표면적으로는 매우 다양한 모습으로 나타나지만 그 근본은 역시 동일하기 때문입니다. 이처럼 우리가 하나의 사물에 대해서 정말로 올바른 인식을 갖기 위해서는 표면만을 보아서는 절대로 안 되며 그 근본에 눈을 돌려야 합니다.

지금 우리가 문제삼고 있는 것을 철학적으로 표현하자면 철학의 중요한 두 범주, 즉 현상과 본질에 관한 문제입니다. 앞에서 말한 바와 같이 세계의 사물은 항상 변화하여 다양한 모습을 나타내며, 여러 가지 모습으로 우리에게 나타납니다. 이것을 사물의 현상이라고 말합니다. 즉 현상이란 사물의 본질을 표현하는, 상대적으로 바뀔 수 있는 외적 측면을 말합니다. 한편 사물은 여러 가지 모습으로 나타나지만 그 근본은 여전히 동일하며, 나에게 악의를 품고 있는 사람이 아무리 웃는 얼굴로 가장한다 하더라도 역시 나에게 악의를 품고 있는 사람입니다. 이처럼 근본에서의 동일성을 본질이라고 말합니다. 즉 '본질'이란 사물의 존재와 발전을 규정하는 비교적 공고한 내적 측면을 말합니다.

예를 들어 여기 김○○라는 사람이 있다고 합시다. 이 사람의 성장 과정은 유아, 어린이, 소년, 청년, 장년, 노년이라는 여러 단계를 거칩니다. 각 단계마다 그 사람의 모습은 매우 다릅니다. 어렸을 때는 벌거벗고 돌아다니고 소년 때에는 홍안이었다가 노인이 되면 주름진 얼굴이 됩니다. 또한 같은 소년기에 있다 하더라도 날마다 모습이 다릅니다. 어떤 날은 파란 옷을 입다가 어떤 날은 빨간 옷을 입기도 하고, 어떤 날은 운동화를 신다가 어떤 날은 구두를 신기도 합니다. 이처럼 모습이 자주 변합니다. 그러나 이렇게 모습이 변한다고 해서 오늘의 이 사람이 어제의 그 사람과 다른 사람이라고 말할 수는 없습니다. 이 경우 날마다 변하는 그의 모습은 그의 현상이며, 그러한 변화가 있음에도 역시 그 사람은 그 사람이라고 말할 수 있는 동일성이 바로 본질입니다.

이러한 현상과 본질은 모든 사물이 다 가지고 있습니다. 현상은 있는데 본질이 없거나 본질은 있는데 현상이 없는 경우는 없습니다. 이 세계에 존재하는 모든 사물은 현상과 본질을 가지고 있습니다. 얘기의 범위를 좀더 넓혀 국가간의 경우를 예로 들어 봅시다. 국가간에 침략이 행해지는 경우에 침략을 행하는 침략 국가가 있고 침략을 당하는 피침략 국가가 있습니다. 그런데 침략 국가가 다른 국가를 침략하는 방법은 매우 다양합니다. 어떤 때에는 친선과 제휴를 가장하기도 하고, 어떤 때에는 침략의 본성을 드러내어 무자비하게 직접 침략하기도 합니다. 이것이 바로 침략의 현상입니다. 그러나 현상이 아무리 다를지라도 그것들의 본질은 역시 침략으로서, 침략 국가는 자국의 이익을 위해 피침략 국가를 희생시킵니다. 이처럼 본질과 현상은 세계의 모든 사물이 다 가지고 있습니다.

　현상과 본질은 서로 구별되며, 어떤 때에는 현상이 본질과 반대되는 모습으로 나타나기도 합니다. 예를 들어 본질적으로 경제적 침략인데도 현상적으로는 군사적인 형태를 띠기 때문에 우리로 하여금 경제적 침략의 본질을 망각하게 하는 경우도 있습니다. 또한 어떤 단체의 경우 내부적으로 파벌 싸움이나 일삼고 단체의 일을 돌보지 않아 엉망인데도 외부 행사를 치를 때만은 서로 단결된 양 그럴듯하게 보임으로써 단체가 잘 운영되고 있는 것처럼 위장하는 경우도 있습니다. 이는 본질과 현상이 상대적으로 독립하여 존재하기 때문입니다.

　하지만 본질과 현상은 상호간에 연관이 없는 별개의 것이 아니며, 이 양자간에는 통일이 존재합니다. 본질은 자기 스스로 직접 나타나지 못하고 여러 가지 현상을 통해서만 비로소 자신을 표현할 수 있습니다. 침략의 경우 그것이 친선을 가장하든 노골적인 도발을 감행하든 간에 이런 현상을 통해서만 침략이라는 본질이 드러납니다. 또한 사람의 경우도 유아, 어린이, 소년, 청년, 장년 등 여러 가지 모습을 통해서 비로소 그 사람 자체라는 본질이 표현됩니다. 이처럼 본질은 여러 가지 현상을 통해 자신을 표현하며 자신이 직접 스스로를 표현하지는 못합니다.

한편 현상 역시 본질과 독립하여 그 자체만으로 존재할 수는 없습니다. 현상은 본질의 표현이기 때문에 그 내부에 본질의 요소를 포함하고 있습니다. 손오공은 자신을 묘당으로 변화시키면서 꼬리를 처리하기 곤란하자 할 수 없이 깃대로 변신시켜 묘당 뒤에 세웠습니다. 비록 묘당으로 변하기는 했지만 이 묘당은 진짜 묘당과 달랐습니다. 왜냐하면 진짜 묘당은 뒤에 깃대를 세우지 않는 법인데, 이 가짜 묘당은 손오공이라는 본질을 벗어날 수 없었기 때문에 뒤에 이상한 깃대를 세우지 않을 수 없었던 것입니다. 다른 나라를 침략하는 경우 아무리 친선이나 제휴를 가장하더라도 거기에는 침략이라는 본질이 포함되어 있습니다. 이처럼 현상이 아무리 다양한 형태를 띤다 하더라도 현상 속에는 본질이라는 요소가 포함되어 있습니다.

현상과 본질은 서로 구별되어 상호 대립하는 한편, 상대방을 자기 존재의 전제로 하고 있습니다. 즉 현상과 본질은 상호 대립하는 대립물로서 상호 의존 관계로 결합되어 있습니다. 따라서 현상과 본질은 모순 관계에 있다고 말할 수 있습니다.

본질은 반드시 현상을 통해서만 자신을 표현합니다. 그러므로 우리가 세계에서 직접 볼 수 있는 것은 여러 가지 현상뿐이며, 본질은 우리 눈앞에 쉽게 드러나지 않습니다. 한편 현상은 본질에 의존하기는 하지만 본질과 반대되는 모습을 취하는 경우도 있기 때문에 만약 본질을 보지 못한 채 현상만을 보고 판단한다면 잘못된 행동을 할 수 있습니다. 만약 우리가 친선이나 제휴라는 현상에 현혹되어 본질을 잊어버린다면 우리는 결국 침략에 대비해 준비하지 않았다가 침략의 손길을 피할 수 없을 것입니다. 또한 어떤 단체가 행하는 행사만을 보고 그 단체가 참 잘 운영되고 있다고 생각한다면 그 단체 내부에 있는 약점, 즉 파벌 싸움이나 대립, 불건전한 재정 등은 알아보지 못할 것입니다. 이는 올바른 인식이 아닙니다. 따라서 우리는 세계에 존재하는 모든 사물에 대하여 그 여러 가지 현상만을 보고 만

족해서는 안 되며 그 본질을 세밀하게 주의하여 파악해야만 합니다.

그러면 어떻게 본질을 파악할 수 있을까요? 본질을 파악하기 위해서는 몇 가지 점을 염두에 두어야 합니다.

첫째, 본질을 현상 이외의 다른 곳에서 파악할 수 있다는 생각을 하지 말아야 합니다. 본질은 현상 속에서 파악되기 때문에 우리가 본질을 파악하려면 현상을 통할 수밖에 없습니다. 따라서 인식의 과정은 현상에서 본질로 심화되는 경로를 밟으며, 이에 따라 인간의 인식도 감성적 인식에서 이성적 인식으로 심화되는 경로를 거칩니다.

둘째, 주의를 기울여 현상을 관찰하고 여러 가지 현상의 연관을 연구해야 합니다. 본질은 여러 가지 현상을 통해서 자신을 표현하기 때문에 각각의 현상은 본질을 표현하지만 그 본질이 완전히 표현되는 것은 아니며, 심지어 반대되는 현상으로 표현되는 경우도 있습니다. 따라서 본질을 완전히 파악하기 위해서는 반드시 여러 가지 현상을 총체적으로 연관시켜 연구해야만 합니다(모든 사물은 연관되어 있다는 것을 생각해 보십시오).

셋째, 이상의 두 가지로 알 수 있는 것은 본질을 인식하려면 상당한 연구 기간이 필요하다는 것입니다. 왜냐하면 본질은 우리가 그 사물을 처음 접했을 때 곧바로 파악되는 것이 아니라 상당한 기간 동안 그 사물과 접촉함으로써(이것이 실천입니다) 비로소 파악되기 때문입니다. 여기서 양질 전화가 필요합니다. '현상 관찰에서 본질 인식으로' 나아가는 것은 일종의 질적 변화이며, 이러한 질적 변화가 일어나려면 먼저 양적 변화, 즉 현상에 관한 연구의 축적이 있어야 합니다. 현상에 관해 관찰과 연구를 많이 하면 할수록 사물의 본질을 정확하게 인식할 가능성은 그만큼 커지는 것입니다.

이렇듯 현상과 본질은 서로 구별되며 의존하는 모순 관계에 있습니다. 그러나 현상은 항상 본질을 그대로 드러내는 것은 아니기 때문에 우리는 사물의 현상만을 보고 판단을 내려서는 안 되며, 사물의 본질에 눈을 돌려야 합니다. 마치 천궁의 병사가 손오공을 잡기 위해 열심히 조요경을 들여다봤던 것처럼.

시와 문자

둘째 마디

이번에는 내용과 형식의 문제를 다루어 봅시다. 모든 사물은 내용과 형식을 가지고 있습니다. 내용은 있는데 형식이 없다든지 혹은 형식은 있는데 내용이 없는 사물은 없습니다.

예를 들면 모든 생물은 각기 고유한 내용과 형식을 가지고 있습니다. 생물의 내용에는 세포, 혈액, 각종 기관 같은 물질적 요소가 포함됩니다. 생물의 형식은 생물을 이루는 여러 가지 물질적 요소의 조직과 구조입니다. 기관, 공장, 학교에도 각기 고유한 내용과 형식이 있습니다. 기관의 임무를 수행하는 활동, 공장의 생산활동, 학교의 교육사업 등이 바로 내용입니다. 그리고 이런 일들을 수행하는 조직 체계, 인원 배치, 학급 편성, 학년 편성, 교육방식 등이 형식입니다. 사회의 생산양식(이는 생산력과 생산관계를 합친 것이며, 토대 또는 하부구조라고도 합니다)에서 내용은 생산력이고, 형식은 생산력을 이루는 각각의 요소가 어떻게 배치되고 조직되어 있는가를 나타내는 생산관계입니다. 시, 소설 같은 문학이나 미술, 음악의 경우에 내용은 현실의 어떤 측면 또는 사람들의 생활을 묘사함으로써 전달되는 사상입니다. 그리고 형식은 내용을 표현하는 문자나 그림, 소리 등입니다.

이처럼 모든 사물은 내용과 형식을 가지고 있습니다. 그러면 내용은 무엇이고 형식은 무엇일까요? 내용은 사물 내부에 포함된, 사물을 구성하는 모든 요소의 총화를 말합니다. 형식은 사물을 구성하는 요소의 조직 구조, 즉 내용의 조직 구조와 표현방식입니다.

내용과 형식이 어떤 관계에 있는지 알아봅시다. 내용과 형식은 상호 작용을 하지만 주동적으로 작용하는 것은 내용입니다. 예를 들어 학교에서 수업을 할 때 토론방식이 좋은지 아니면 강의방식이 좋은지는 어떤 내용을 교육할 것인가에 따라 달라집니다. 만약 먼저 수업 형식을 정해 놓고 그에 알맞은 내용을 골라 교육한다면 아마 엉뚱한 결과가 나올 것입니다. 생산력과 생산관계에서도 마찬가지입니다. 내용인 생산력의 발전에 따라 생산관계가 결정되는 것이지, 생산관계에 의하여 생산력이 결정되는 것은 아닙니다. 어떤 작가가 한국 민중의 삶을 시로 노래하고자 할 때 그가 한글이 아닌 영어를 사용한다면 아마 한국 민중의 삶을 충분히 표현하기 어려울 것이며, 마땅히 우리의 말과 글로 써야 감동을 주는 작품이 나올 수 있을 것입니다.

이처럼 내용과 형식의 상호 작용에서 내용이 주동적인 작용을 하며 형식은 내용에 의하여 결정됩니다. 형식은 내용에 영향을 미칠까요? 물론 미칩니다. 하지만 그것은 부차적인 것이고 주동적인 역할은 어디까

지나 내용이 합니다. 그럼 형식은 내용에 대하여 어떠한 작용을 할까요? 결론적으로 말한다면 내용에 알맞은 형식은 내용의 발전을 촉진하고 알맞지 않은 형식은 내용의 발전을 저해합니다.

공장에서 생산을 할 때 생산하려는 물건에 맞게 각자 일을 분배하고 체계를 잘 짜서 수행한다면 생산 능률이 오르겠지만, 생산체계가 부적절하면 생산 능률이 떨어질 것입니다. 마찬가지로 교육하려는 내용에 알맞은 수업방식을 택하면 교육 효과가 높아질 것입니다. 생산력과 생산관계에서도 생산력의 발전 수준에 맞는 생산관계는 생산력의 발전을 촉진하지만, 그렇지 않은 생산관계는 생산력의 발전을 가로막습니다.

노동자들이 독서 모임을 만드는 경우, 만약 이 모임의 형식을 노동조합 식으로 한다면 아마 그 독서 모임은 잘 운영되지 않을 것입니다. 소모임은 몇 명의 구성원이 모여 서로 자유롭게 대화, 토론하며 서로간의 서열이나 지위를 정하지 않고 자연스럽게 만나는 모임입니다. 그런데 노동조합이라는 형식은 한 기업체 혹은 한 산업 분야에 종사하는 모든 노동자를 대상으로 하므로 독서 모임에는 부적당합니다. 따라서 소모임 형식을 취해야 독서도 잘되고 토론도 활발히 벌어질 수 있습니다. 또 그래야만 독서 모임이 발전합니다.

이처럼 내용에 알맞은 형식은 내용의 발전을 촉진하고 알맞지 않은 형식은 내용의 발전을 저해합니다. 따라서 우리는 항상 내용에 알맞은 형식을 만들어 내기 위하여 노력해야 합니다.

내용과 형식의 변화를 비교해 보면 내용이 먼저 변하고 이에 따라서 나중에 형식이 변화합니다. 이는 상대적으로 내용은 가변적이고 형식은 보수적이라는 것을 의미합니다.

예를 들어 시인이 민중의 삶을 시로써 형상화하고자 할 때 그가 표현하고자 하는 민중의 삶은 시시각각으로 변하므로 이에 따라 그가 전달하고자 하는 문학적 정서도 변화하지만, 시의 표현 형식인 문자는 잘 변하지 않습니다. 생산력과 생산관계에서도 생산력은 끊임없이 발전하지만 생산관계는 사회제도로 고정되어 있어 폭력적 혹은 비폭력적 혁명을 거쳐야만 변화합니다.

노동자들이 만든 독서 모임의 경우에도 모임의 과정을 통해 구성원들의 의식 수준이나 관심이 끊임없이 변화하지만 소모임이라는 형식은 그리 쉽게 변하지 않습니다. 소모임 구성원들의 의식 수준이 높아져 노동조합의 필요성을 인식하고 소모임을 노동조합으로 변화시키려 해도 거기에는 상당한 시간과 노력이 필요합니다.

이제까지 살펴본 바와 같이 모든 사물은 내용과 형식을 가지고 있으며 내용과 형식은 상호 작용합니다. 내용과 형식의 상호 작용에서 주동적인 역할을 하는 것은 내용이며 형식은 내용에 의하여 결정됩니다. 하지만 형식도 내용에 일정한 영향을 미쳐서 내용에 알맞은 형식은 내용의 발전을 촉진하며, 알맞지 않은 형식은 내용의 발전을 저해합니다. 한편 상대적으로 내용은 가변적이고 형식은 보수적이기 때문에 내용이 먼저 변화하고 이에 따라 형식이 변합니다.

  그런데 여기서 주의해야 하는 것은 형식주의의 오류입니다. 형식주의는 형식을 과대평가하여 형식 위주로 일을 처리해 나가는 것입니다. 문학 작품을 쓸 때 미사여구만 번지르르하게 늘어놓고 정작 전달하려는 사상이나 내용은 빈 껍데기라든지, 조직 체계는 그럴듯하게 짜 놓고 실제로 하는 일은 없는 경우가 바로 형식주의에 해당합니다.

  내용과 형식에서 주된 것은 어디까지나 내용입니다. 따라서 내용 위주의 실속 있는 관점과 실천 태도를 가져야 합니다.

사라예보의 총성

셋째 마디

1914년 6월 28일 일요일, 오스트리아에 합병된 보스니아(지금의 보스니아헤르체고비나 영토)의 수도 사라예보에서 더없이 맑은 하늘 아래 몇 발의 요란한 총성이 울렸습니다. 길모퉁이를 돌던 화려한 승용차가 잠시 멈칫했습니다. 그리고 그 안에 근엄한 표정으로 앉아 있던 두 사람이 나란히 쓰러졌습니다. 총을 쏜 사람은 열아홉 살의 세르비아 청년 가브릴로 프린치프였고, 쓰러진 사람은 오스트리아 제국의 황태자인 프란츠 페르디난트 대공과 황태자비였습니다. 프린치프는 즉각 체포되었고 황태자 부처는 불과 15분 후에 숨을 거두었습니다. 이것이 이른바 '사라예보 사건'입니다.

  이 사라예보 사건을 계기로 하여 1차 세계대전이 일어났습니다. 영국, 프랑스, 러시아, 미국, 독일, 오스트리아, 터키 등 수많은 나라를 끌어들이면서 벌어진 1차 대전은 지구상에 있었던 과거 어느 전쟁보다도 압도적으로 많은 인적 피해와 물적 피해를 인류에게 입혔습니다.

  그러면 인류에게 이처럼 엄청난 재앙을 안긴 1차 세계대전이 일어나게 된 원인은 무엇일까요? 앞에서 말한 '사라예보 사건'이었을까요? 물론 사라예보 사건도 1차 세계대전의 발발에 일정한 역할을 한 것은 사실입니다. 하지만 만약 사라예보 사건이 일어나지 않았다면 1차 대전도 일어나지 않았을까요? 이렇게 물어 본다면 우리는 고개를 갸우뚱할 것입니다.

사실 1차 대전이 발발한 진짜 원인은 제국주의의 모순에 있었습니다. 제국주의는 제국주의 국가 상호간의 대립과 갈등을 격화시킵니다. 앞서 발전한 제국주의 국가는 자신의 식민지를 유지하고 확장하며 전 세계에 자신의 정치력과 군사력을 계속 유지하고 확대하려 합니다. 하지만 뒤늦게 발전한 제국주의 국가 역시 식민지를 필요로 하므로, 제국주의 국가간의 대립과 갈등이 격화되어 그것을 폭력적인 방법으로 해결하고자 하는 경우 제국주의 국가 사이에 식민지 쟁탈전인 제국주의 전쟁이 일어나는 것입니다. 따라서 1차 대전은 제국주의 전쟁이었고 그것의 진정한 원인은 제국주의의 모순에 있었으며 사라예보 사건은 다만 하나의 계기를 만들어 주었을 뿐입니다.

이 사실은 1차 대전이 일어난 지 25년 후, 즉 1939년에 제국주의 국가간의 모순이 또다시 격화되어 2차 대전이 일어난 데서 분명히 알 수 있습니다.

사실이 이러한데도 만약 1차 대전의 원인을 사라예보 사건이라고 생각한다면 전쟁을 반대하고 평화를 지키기 위해 우리는 엉뚱한 일들을 해야 할 것입니다. 마치 미신을 신봉하는 사람이 전쟁이 일어나기 전에 나타난 혜성이라든가 일식을 보고 그것을 전쟁의 원인으로 여겨 신에게 빌듯이.

　이러한 예는 우리에게 하나의 문제를 제기합니다. 그것은 원인과 결과의 문제, 다시 말하면 인과 관계의 문제입니다. 사실 인과 관계의 문제는 실천적으로 중요할 뿐만 아니라 철학적으로도 중요합니다.

　그럼 먼저 원인과 결과란 무엇인지 알아봅시다. 원인이란 일정한 사물과 현상을 직접 낳거나 변화시키는 현상을 말하며, 결과는 원인에 의해서 발생했거나 변화한 현상을 말합니다. 일반적으로 원인은 시간상

결과보다 앞서며 결과는 시간적으로 원인보다 뒤에 나타납니다. 결국 원인은 시간상 결과보다 앞서며 결과를 발생시키는 작용을 하며, 결과는 시간적으로 원인보다 뒤에 나타나며 원인에 의해서 발생합니다. 여기서 우리가 주의해야 하는 것은 시간적으로 앞선다고 해서 그것이 무조건 원인은 아니라는 점입니다. 밤은 아침보다 시간적으로 앞서지만 밤이 아침의 원인은 아닌 것처럼 말입니다.

그러면 원인과 결과의 상호 관계는 어떠할까요? 우선 원인과 결과는 상호 작용하며 분리된 것이 아니라는 점을 이해할 필요가 있습니다. 현실 세계의 변화 과정을 보면 일정한 원인은 일정한 결과를 발생시키고, 발생된 결과는 다시 원인이 되어 다른 결과를 불러일으킵니다. 예를 들어 과학의 발전은 생산의 발전이라는 결과를 가져옵니다. 하지만 거기에서 그치는 것이 아니라 생산의 발전은 다시 과학의 발전을 촉진하는 원인이 됩니다. 제국주의 전쟁이었던 1차 대전은 제국주의의 모순이 격화된 결과 나타났지만, 그것이 다시 원인이 되어 제국주의의 모순을 더욱 격화시키고 제국주의 내부에서 사회주의 혁명인 러시아 혁명을 일으켰던 것입니다.

이처럼 원인과 결과는 상호 작용하고 상호 전화합니다. 따라서 원인과 결과를 절대적으로 분리하고 고립적으로 생각하는 것은 잘못된 관점입니다.

한편 현실 세계를 보면 일정한 결과를 발생시키는 원인이 단 하나만 있는 것이 아니라 무수한 원인이 복합되어 있음을 알 수 있습니다. 하지만 각각의 원인은 결과의 발생에 미치는 영향에 차이가 있습니다. 어떤 것은 주요한 역할을 하고 어떤 것은 부차적인 역할밖에 하지 못합니다. 앞서 본 1차 대전의 경우에도 제국주의의 모순이 한 역할과 사라예보 사건이 한 역할에는 질적인 차이가 있습니다.

 실업의 경우를 생각해 봅시다. 많은 사람이 실업을 당하면 자신의 능력이나 노력이 부족해서 실업자가 된 것으로 생각하고 체념과 자포자기에 빠집니다. 그렇다면 실업 문제의 가장 중요한 원인이 개인의 능력이나 노력이 부족했기 때문일까요? 만약 그렇다면 자신의 능력을 계발하고 취직하기 위해 열심히 노력하면 실업자가 없어져야 합니다. 하지만 우리의 현실은 그렇지 않습니다. 사실 노동자를 고용하는 칼자루를 쥐고 있는 자본가는 항상 일정한 수의 실업자가 있어야 언제든지 필요한 노동력을 확보할 수 있고 또 자신에게 대드는 노동자를 가차 없이 자르고 다른 노동자로 바꿀 수 있습니다. 이는 실업의 주요한 원인이 개인적인 데 있다기보다 경제구조, 즉 사회 체제에 있다는 것을 증명합니다. 따라서 실업자들이 노동자들과 단결하여 경제정책의 변경을 요구하고 노동 시간을 줄여 일자리를 늘려 나가는 것이 실업 문제를 해결하기 위한 올바른 방도일 것입니다.

 이처럼 일정한 결과를 발생시키는 데 영향을 미치는 원인은 무수히 많습니다. 따라서 그것을 주요한 원인과 부차적인 원인으로 잘 구분하고 주요한 원인을 찾아내는 데 힘써야 합니다.

한편 우리가 원인과 결과의 문제, 즉 인과 관계의 문제를 생각할 때 빼놓을 수 없는 요소가 바로 조건의 문제입니다. 조건은 원인과 결과의 상호 작용을 둘러싸고 그것에 영향을 미치는 여러 가지 요소의 총체를 말합니다. 조건이 중요한 것은 조건에 따라 동일한 원인이 상이한 결과를 낳기도 하고 또 상이한 원인이 동일한 결과를 발생시키기도 하기 때문입니다. 우라늄을 일정한 조건에서 급격히 폭발시키면 인류에게 엄청난 재앙을 가져오는 핵폭발이 일어나지만, 다른 조건에서 완만하게 분열시키면 병의 치료나 발전(發電) 등 인류의 복지에 도움이 되는 방향으로 이용할 수 있습니다.

따라서 우리는 우리가 바라는 결과를 발생시키는 데 유리한 조건을 만들어 내고 불리한 조건을 극복하기 위해 노력해야 합니다. 유리한 조건이 저절로 만들어지기를 기다리는 것은 올바른 태도가 아닙니다.

이제까지 살펴본 바와 같이 원인과 결과의 문제에 대하여 올바르게 이해하는 것은 실천적으로나 철학적으로 매우 중요합니다. 원인과 결과에 대한 올바른 이해는 세계를 인식하고 변화시키는 우리의 힘을 더욱 키워 줄 것입니다. ◎

팔자는 고칠 수 없나?

넷째 마디

살아가다 보면 여러 가지 재난을 겪습니다. 홍수가 나서 수재를 겪기도 하고, 가뭄이 들어 농사를 망치기도 합니다. 불이 나서 화재를 당하기도 하고, 전쟁 때문에 수많은 사람들이 목숨을 잃기도 합니다. 그때마다 사람들은 '팔자는 어쩔 수 없다'라는 말을 많이 합니다. 사람에게는 정해진 팔자와 운명이 있기 때문에 인간의 힘으로는 어쩔 수 없다는 생각입니다.

중국에서 있었던 일입니다. 중국의 북방에 살고 있는 이민족이 중국을 공격했습니다. 그리하여 변경 지방의 사람들은 허둥지둥 피난 갈 준비를 했습니다. 그런데 도대체 어디로 피난을 가야 좋을지 몰라서 근처에 있는 절의 중을 찾아가 물어 보았습니다. 도대체 어디로 피난을 가야 안전한가 묻자 중은 다음과 같이 말했습니다. "성안으로 피난을 가도 좋고 시골로 피하는 것도 좋으나 팔자는 어쩔 수 없다." 그리하여 성안에 살고 있던 사람들은 시골로 피난을 가고 성밖에 살고 있던 사람들은 성안으로 피난을 갔으나 결국은 성이 적에게 함락되어 많은 사람이 목숨

을 잃었습니다.

이때 중이 한 말은 문제가 매우 많습니다. 사실 중의 대답은 피난민들에게 아무것도 가르쳐 주는 바 없이 죽고 사는 것은 운명이니 인간의 힘으로는 어쩔 수 없다는 내용입니다. 중의 이런 대답은 일종의 숙명론적 세계관에서 나온 것입니다. 우리가 흔히 말하는 팔자라는 것도 숙명론적 세계관에서 나온 것입니다.

숙명론이란 세상에 존재하는 모든 사물(인간의 생활까지도 포함하여)이 일종의 필연성을 가지고 있어서 그 운동과 변화가 이미 정해져 있다고 보는 견해이며, 그 근거를 절대자, 즉 신에서 찾고 있는 세계관입니다. 바꾸어 말하면 모든 사물이 필연성을 갖는 것은 사물의 외부에 있는 절대자, 즉 신이 사물의 외부에서 모든 사물을 지배하고 그 사물의 운명을 정하기 때문이라는 것입니다. 그리하여 모든 사물은 신이 규정한 바에 따르며, 그 밖의 가능성은 없다고 주장합니다.

그러면 이러한 숙명론적 세계관은 올바른 것일까요? 이 세계관이 올바르기 위해서는 이 세계의 모든 사물을 규정하고 지배하는 절대자, 즉 신이 객관적으로 존재해야만 합니다. 그런데 신은 과연 존재할까요? 그렇지 않습니다. 신은 우리의 의식이 만들어 낸 하나의 허상에 불과합니다. 따라서 숙명론적 세계관은 옳다고 말할 수 없습니다.

이처럼 숙명론적 세계관이 옳지 않다면 숙명론에서 말하는 필연성은 또 어떻게 되는 것일까요? 물론 숙명론적 세계관은 옳지 않기 때문에 숙명론에서 말하는 필연성도 거부되어야 합니다. 그러나 이 세계관의 문제점은 필연성 자체가 아니라 필연성의 원인을 사물의 외부에서 찾는 데 있습니다. 신이 예정한 운명이라는 것은 없으며, 사물이 갖는 필연성의 근본 원인은 사물의 내부에 있습니다.

　사람은 늙으면 반드시 죽습니다. 이것은 하나의 필연성이며 이러한 필연성은 부인할 수 없습니다. 하지만 사람이 죽는 것은 숙명론에서 말하는 것처럼 신이 결정을 내리는 것이 아닙니다. 사람이 죽고 사는 것은 신의 결정이 아니라 그 근본 원인이 사람의 내부에 있습니다. 우리가 앞에서 본 것처럼 생명과 죽음이라는 모순 속에서 대립물의 상호 전화가 일어나 죽음이라는 측면이 주요한 측면이 되었을 때 비로소 사람이 죽는 것입니다. 이런 대립물의 상호 전화는 우리 몸 내부의 두 측면, 즉 생명과 죽음의 투쟁을 통해서 일어납니다. 이처럼 사람이 죽는 근본 원인은 사람 내부에 있습니다. 강물이 범람하는 것도 신이 강물을 넘치게 했기 때문이 아니라 강물 자체가 불어났기 때문이며, 강물이 불어난 것은 비가 많이 왔기 때문이고, 비가 많이 온 것은 공기 중에 수증기가 많았기 때문입니다. 따라서 강물이 흘러넘치는 근본 원인은 물 자체에서 찾을 수 있으며, 신에 의한 것이 아닙니다.

　이처럼 필연성이라는 것이 존재하지만, 그것의 근거가 신에게 있는 것이 아니라 사물 자체에 있는 것입니다. 그렇다고 해서 세상에 존재하는 사물에 내적 원인만 있고 외부의 사물과 아무런 관련이 없는 것은 절대 아닙니다. 만약 필연성의 근거가 사물의 내부에 있다고 해서 사물의 모든 변화와 외적 원인이 전혀 관련이 없다고 생각한다면 이는 매우 잘못된 생각입니다. 예를 들어 한 나라의 경제가 파산 상태에 이르렀다고 생각해 봅시다. 이 경우 이런 필연성의 근본 원인은 물론 그 국가 내부에 있습니다. 하지만 외적 원인도 이 변화에 영향을 미칩니다. 예를 들어 석유 값이 오른다든지, 외국에서 수입하는 원자재 값이 오른다든지, 혹은 외국의 불경기로 인해 수출이 잘 안 된다든지 하는 원인들도 한 국가의 경제 파산에 영향을 미칩니다.

이 세상에는 그 하나만이 고립적으로 독립하여 존재하는 사물은 없으며 모든 사물은 상호 연관 속에서 존재합니다. 즉 모든 사물은 서로 관련을 맺고 있는 것입니다. 따라서 한 사물의 필연성 역시 고립적으로 표현되는 것이 아니라 외부 사물과의 관련 속에서 표현됩니다. 그러므로 사물의 필연성을 생각하는 경우에도 내적 원인만을 생각하고 외적 원인을 무시하는 태도는 잘못된 것입니다.

이처럼 외적 원인을 무시할 수는 없지만, 그러나 여전히 내적 원인과 외적 원인은 구별되어야 합니다. 우리는 이미 사물의 내적 원인이 필연성을 규정하는 요인이라는 것을 알았습니다. 외적 원인은 물론 사물의 변화에 영향을 미치기는 하지만 결국 사물의 필연성을 규정할 수는 없습니다. 한 국가의 경제가 파산하는 경우 석유 값이 오르거나 원자재 값이 오른다 하더라도 만약 경제 제도가 훌륭하여 이에 대응할 수 있다면 경제 파산은 절대 일어나지 않습니다. 또한 외국의 불경기로 인해 수출이 부진한 경우에도 그 나라 상품의 경쟁력이 다른 나라 제품보다 뛰어나다면 새로운 수출 시장을 개척한다든지 국내 시장을 확대함으로써 그에 대응할 수 있으므로 절대로 경제 파산이 오지 않습니다. 결국 석유 값, 외국의 불경기에 따른 수출 부진 등과 같은 외적 원인은 경제 파산을 촉진시키기는 하지만 직접적으로 경제 파산을 일으키지는 않습니다. 즉 앞에서 말한 것처럼 외적 원인은 내적 원인을 통해서 작용하며, 외적 원인은 조건이고 내적 원인은 근거입니다. 그러므로 외적 원인은 필연성을 규정할 수 없습니다. 필연성을 규정하는 것은 내적 원인입니다.

외적 원인은 우연성을 구성합니다. 한 국가가 파산하는 경우 그 내적 원인은 필연성을 구성하며, 외적 원인, 즉 석유 값이나 원자재 값 또는 수출 부진 등은 우연성을 구성합니다. 요컨대 필연성이란 일정한 조건에서 반드시 어떤 특정한 변화만이 성립하며, 그것과 다른 어떤 변화가 성립할 여지가 없다는 것을 말합니다. 이에 반해 우연성이란 조건에 따라 다른 변화가 생기는 것을 말합니다. 필연성, 즉 사물이 변화하는 방향을 규정하여 사물로 하여금 일정한 방향으로 변화하게, 즉 법칙적인 변화를 일으키게 하는 것은 사물의 외적 원인이 아닙니다. 필연성을 규정하는 원인은 본질적 원인이며, 외적 원인은 절대로 본질적 원인이 되지 못하기 때문에 필연성을 구성할 수 없습니다. 외적 원인은 우연성을 구성하는 것입니다.

그런데 기계론자로 불리는 사람들의 생각은 이와 다릅니다. 우리는 앞에서 내적 원인은 필연성을 구성하고 외적 원인은 우연성을 구성한다고 했습니다. 하지만 기계론자들은 필연성만 인정하고 우연성은 부인합니다. 즉 근본적으로 세계에는 필연성만 있을 뿐 우연성은 존재하지 않는다고 생각합니다.

이들은 왜 그렇게 생각하는 것일까요? 그들은 어떤 사물이건 간에 원인이 있으면 모두 필연성이라고 생각합니다. 즉 한 국가의 경제가 파산한 경우 이러한 결과에는 반드시 그 원인이 있는 것이니 이는 필연성이며, 석유 값이나 원자재 값이 올라 파산을 촉진하는 것도 역시 그 원인이 있으니 필연성이라는 것입니다. 세계에 있는 모든 사물의 변화에는 그 원인이 있으니 모두 필연성이며, 따라서 우연성은 존재하지 않는다고 생각하는 것입니다.

세계에는 과연 우연이라는 것이 존재하지 않을까요? 만약 우연이라는 것이 존재하지 않는다면 우리는 우연이라는 말을 어떻게 해석해야 할까요? 어떤 사람이 길거리를 지나가다가 우연히 벽돌이 떨어져 머리를 다치는 경우 이때 우연은 어떤 뜻일까요? 기계론자는 "우연히 벽돌이 떨어져서 머리를 다치는 것 역시 그 원인이 있는 것이니 이는 우연이 아니며 필연이다. 우연이란 원인이 없는 것을 말하며, 우리가 우연이라고 부르는 것은 우리가 미리 원인을 짐작하지 못하거나 알지 못하기 때문이다. 이 경우에도 우리가 알건 모르건 간에 역시 원인이 있는 것이니, 따라서 우연이 아니다"라고 말할 것입니다. 기계론자는 진정한 우연이란 이 세계에 존재하지 않는다고 생각합니다.

그러면 과연 기계론자의 주장이 옳을까요? 물론 모든 사물의 변화에 원인이 있다는 것은 부인할 수 없는 사실입니다. 그러나 원인이 반드시 필연성이 될 수 없다는 것은 앞에서 말한 바와 같습니다. 즉 석유 값이나 원자재 값, 혹은 수출 부진 등은 경제 파산을 가져오기도 합니다. 그렇지만 앞에서도 말한 것처럼 만약 그 국가가 이러한 외적 원인에 대응할 만한 내부적 힘을 가지고 있다면 경제가 일시적으로 어려워지긴 하더라도 경제 파산이 생기지는 않을 것입니다. 그러므로 석유 값이나 원자재 값 같은 외적 원인은 우연성을 구성한다고 보아야 합니다. 이와 반대로 경제정책의 실패라든가 실업 증가와 같은 그 국가의 내적 원인은 필연성을 구성하며, 이러한 원인의 심화는 반드시 경제 파산을 가져옵니다. 이 경우에 석유 값이나 원자재 값의 인상 같은 외적 원인이 동반되지 않았다 하더라도, 경제 파산이 일어나는 시기가 조금 늦어질 뿐이며 언젠가는 반드시 경제 파산이 일어날 것입니다.

그런데 기계론자는 원인이 있으면 그것이 무엇이든지 간에 필연성의 산물이라고 봅니다. 이것은 그들이 원인이 있는 사물의 변화 속에도 우연성과 필연성의 구별이 있다는 것을 알지 못하기 때문입니다. 이것은 매우 잘못된 생각이며 그들은 사물의 질적 차이를 무시하고 있습니다. 즉 원인이 있다는 사실 한 가지로 우연성과 필연성의 질적 차이를 말살해 버리는 것입니다.

　기계론자의 주장은 우리를 숙명론의 세계로 끌고 들어갑니다. 숙명론자는 세상의 모든 사물의 변화는 필연적이며 이러한 변화를 받아들이는 것이 신의 뜻에 따르는 것이라고 생각합니다. 기계론자들 역시 모든 것은 필연이라고 주장합니다. 다만 숙명론과 다른 점이 있다면 신이 모든 필연성을 규정한다고 명백히 주장하지 않는 것입니다.

　그러나 기계론자들 역시 필연성은 사물의 외부에서 규정된다는 편에 섭니다. 왜냐하면 내적 원인과 외적 원인의 질적 차이를 무시하고 이 두 가지를 동일한 차원으로 생각하기 때문입니다. 그리하여 만일 벼락이 쳐서 어떤 건물이 부서진다면 숙명론자는 이는 신이 정한 것이기 때문에 인간으로서는 피할 수 없는 일이라고 말할 것이고, 기계론자 역시 이는 필연적이기 때문에 어쩔 수 없는 일이라고 주장할 것입니다. 따라서 주어진 운명이라는 것을 믿지 않고 매일매일 자신의 노력으로 자기의 운명을 개척해 가고자 하는 사람은 이러한 숙명론이나 기계론의 주장을 거부합니다.

　한편 기계론이나 숙명론과는 다르지만 마찬가지로 받아들이기 어려운 견해가 있습니다. 이 견해는 표면적으로는 앞서 말한 우리의 견해와 비슷합니다. 우연성을 인정하고 필연성이 존재한다는 것도 인정합니다. 외적 원인은 단지 우연성만을 구성한다는 것도 인정합니다. 그러나 이 견해는 우연성과 필연성을 절대적으로 분리시켜 서로 완전히 별개의 것이라고 생각합니다. 말하자면 사물의 내부에서 발생하는 모든 변화 과정은 완전히 필연적인 것이고 외적 원인에 의하여 발생하는 모든 변화는 완전히 우연적인 것이라고 하여, 필연성과 우연성을 완전히 독립된 별개의 것으로 생각하는 견해입니다.

그러면 과연 필연성과 우연성은 그야말로 완전히 독립된 별개의 것일까요? 예를 들어 한 국가의 경제 정책이 실패하여 경제 공황이 일어나고 그리하여 경제 파탄이 생겼다고 생각해 봅시다. 이는 하나의 필연성입니다. 하지만 이러한 경제 파탄이 나타나는 구체적인 모습을 살펴보면, 구체적인 어떤 기업이 도산하고 구체적인 어떤 사람이 실업을 당합니다. 그리하여 어떤 가정은 가정 파탄이 일어나고, 어떤 집에서는 자녀들이 학업을 포기하고 돈을 벌기 위해 직장에 나갑니다. 이때 왜 하필이면 그 기업이 도산하고, 그 사람이 실업을 당하며, 또 그 집에 가정 파탄이 일어나는가 하는 문제는 우연성입니다. 그 기업이 도산하지 않는다면 다른 기업이 도산할 것이고, 그 사람이 실업을 당하지 않는다면 다른 어떤 사람이 실업을 당할 것입니다. 그러므로 경제 파탄의 경우 반드시 어떤 기업가가 도산을 하고 어떤 사람이 실업을 당하는 것은 필연성이지만, 그 기업이 도산을 당하고 그 사람이 실업을 당하는 것은 우연성입니다. 이처럼 필연성과 우연성은 서로 분리되어 있는 것이 아니라 밀접하게 결합하여 통일되어 있습니다.

필연성은 무수한 우연성을 통해서 표현되고 발현되며, 우연성 역시 필연성을 근거로 하여 필연성의 기초 위에서 나타납니다. 따라서 필연성과 우연성은 상호 분리되어 존재하지 않고 양자는 사물의 변화 속에서 밀접하게 통일되어 있습니다. 즉 필연성은 무수한 우연성을 관통하고 있으며, 무수한 우연성이 축적되어 필연성의 발전을 형성하는 것입니다.

이처럼 사물의 변화·발전 과정에는 필연성과 우연성이 통일되어 나타납니다. 따라서 그 중 어느 하나를 절대적으로 무시하는 태도는 잘못된 것입니다. 하지만 사물의 발전을 근본적으로 규정하는 것은 우연성이 아니라 필연성이며 필연성과 우연성의 상호 작용에서 주동적인 것은 어디까지나 필연성이므로, 우리는 필연적 요소에 입각하여 생각하고 실천해야 합니다. 동시에 우연적 요소의 배후에 숨어 있는 필연적 요소를 찾기 위해 노력해야 합니다.

봉건 영주가 될 가능성

다섯째
마디

우리는 현실을 인식할 수 있고, 현실의 인과 관계나 법칙에 의거하여 목적을 결정할 수 있으며, 또 현실의 인과 관계나 법칙에 의거하여 실천해 나가면서 목적을 실현할 수 있습니다. 그런데 여기서 우리는 새로운 철학적 문제에 부딪칩니다. 즉 가능성과 현실성이라는 문제입니다.

가능성이란 아직 실현되지 않았지만 장차 실현되어 현실로 될 수 있는 것을 말합니다. 또 현실성이란 가능성이 실현되어 실제로 존재하기에 이른 것을 말합니다. 따라서 우리가 "그 목적은 실현될 가능성이 있다"라고 말할 때 그 뜻은 현재의 목적을 장래에 실현할 수 있다는 것이 됩니다. 현재의 목적은 단지 하나의 가능성이며 장래에 이것이 전화하여 현실성으로 되는 것이므로, 가능성은 장래에 실현될 수 있는 것이며 현실성은 가능성이 실현된 것을 말합니다.

가능성과 현실성은 매우 밀접한 연관을 맺고 있습니다. 즉 진정한 가능성은 전화하여 현실성이 될 수 있습니다. 예를 들어 직업을 구하는 사람이 "나는 교사가 될 가능성이 있다"라고 말하는 것은 그 자신이 교사가 될 자격과 능력을 가지고 있다는 것입니다. 그리하여 현실적으로 교사로 취직할 자리가 생기면 가능성이 현실성으로 전화하여 그는 교사가 됩니다. 이 경우의 가능성은 진정한 가능성입니다. 하지만 일자무식인 사람이 "나는 교사가 될 가능성이 있다"라고 말한다면 사람들이 그 말을 믿지 않을 것이며, 이때의 가능성은 가짜 가능성입니다. 즉 이때의 가능성은 현실성과 관련을 맺고 있지 못합니다.

또한 현대를 사는 어떤 사람이 "나는 산 위에 있는 멋진 성에서 사는 봉건 영주가 되고 싶다"라고 생각한다면 그 가능성은 가짜 가능성입니다. 왜냐하면 현실성과 연관을 맺지 못하기 때문입니다. 즉 봉건 영주는 봉건 사회에서나 존재하는 것이기 때문입니다. 설령 그 사람이 많은 돈을 들여 산 위에 멋진 성을 짓고 그 성 안에서 옛날 봉건 시대의 영주가 생활하던 모습을 흉내내어 마치 봉건 영주인 것처럼 생활한다 하더라도 그는 봉건 영주가 아닙니다. 단지 봉건 영주인 양 생활하는 사람에 지나지 않습니다. 왜냐하면 봉건 영주란 그 자체가 독립하여 존재하는 것이 아니라 농노라는 계급을 그 존재의 전제 조건으로 하며, 농노의 노동에 의해 자신의 생활을 영위할 때 비로소 봉건 영주가 되기 때문입니다. 따라서 이런 가능성은 현실성과 관련을 맺고 있지 않으므로 가짜 가능성입니다.

이런 가짜 가능성을 추상적 가능성이라고 부릅니다. 추상적 가능성이란 머릿속에서 관념적으로 생각하는 것은 가능하지만 현실적으로 실현하기는 도저히 불가능한 것을 말합니다. 추상적 가능성에서는 가능성이 현실성과 완전히 분리되어 있습니다. 따라서 가능성이 전화하여 현실성으로 될 수가 없습니다. 즉 봉건 영주가 되고 싶다고 생각하는 사람의 경우, 이 가능성은 현실성과 연관을 맺고 있지 않기 때문에 현실성으로 전화할 수 없습니다. 이런 추상적 가능성은 현실성과 가능성을 완전히 분리하여 그 대립만을 보고 양자간의 통일을 보지 못하는 데서 생겨납니다.

한편 주상적 가능성과는 반대로, 현실성과 가능성의 통일만을 보고 대립을 보지 못하는 견해가 있습니다. 이 견해는 현실성과 가능성을 완전히 하나로 생각하여 가능성이 있는 것은 모두 다 현실성이 있는 것으로 봅니다. 이것 역시 잘못된 생각입니다. 가능성이 비록 현실성과 통일된다는 밀접한 연관을 가지고 있기는 하지만, 가능성과 현실성은 기본적으로 대립적인 것이며 가능성이 곧 현실성이고 현실성이 곧 가능성이지는 않기 때문입니다. 말하자면 가능성이 있다고 해서 그것이 반드시 실현되는 것은 아닙니다. 가령 어떤 사람이 교사의 자격을 갖추고 있어 교사가 될 가능성을 가진다 해도 그 사람이 반드시 교사가 되는 것은 아니며, 현실을 제대로 인식하기 위해서 책을 읽는다고 해서 반드시 그 목적을 달성하는 것은 아닙니다.

이처럼 가능성과 현실성의 대립만 본다든지 통일만 보는 태도는 모두 잘못된 것입니다. 가능성과 현실성의 대립 및 통일을 동시에 보아야 합니다. 즉 가능성과 현실성은 모순 관계에 있습니다.

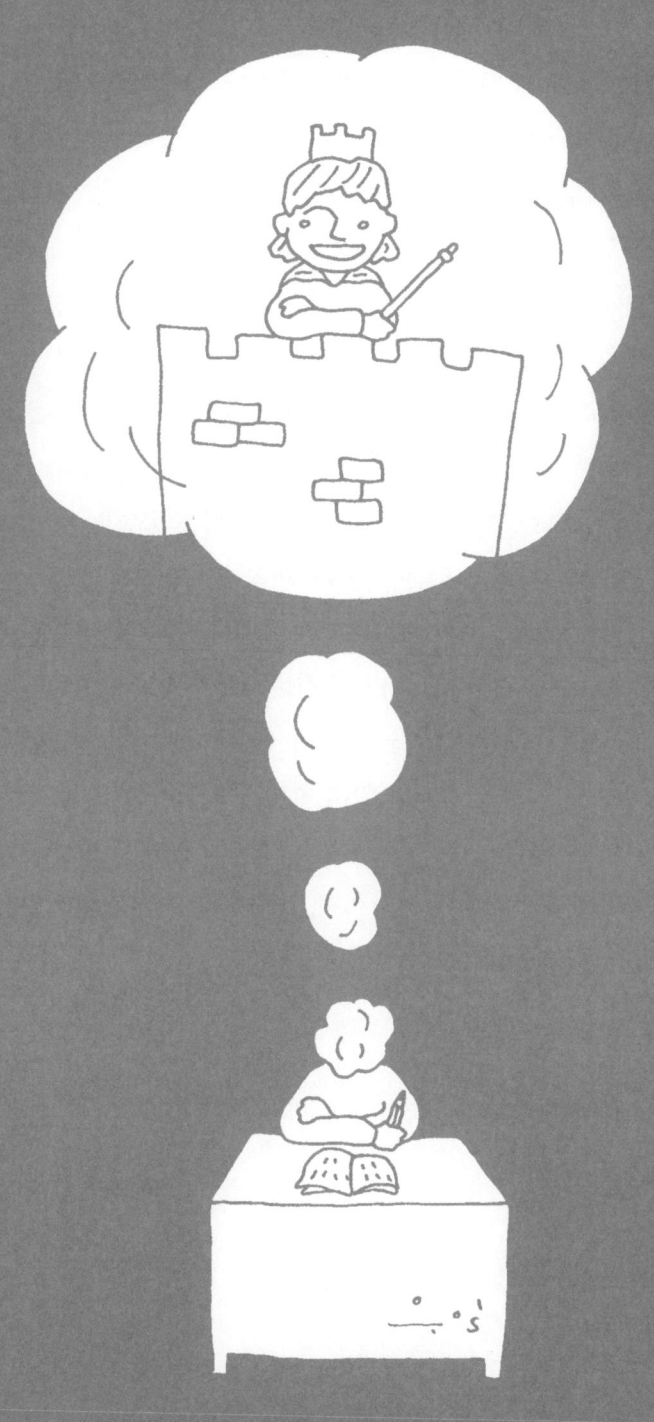

그렇다면 가능성은 왜 반드시 실현되지는 않는 것일까요? 바꿔 말해 왜 가능성이 반드시 현실성으로 전화하지는 않는 것일까요? 그것은 가능성이 가진 모순 때문입니다. 즉 가능성은 그것이 현실성으로 전화되는 것과 현실성으로 전화되지 않는, 대립되는 두 측면의 통일이기 때문입니다. 따라서 가능성은 현실성으로 전화되어 실현될 수도 있고, 전화되지 않아 실현되지 않을 수도 있습니다. 예컨대 독서를 한다고 해서 반드시 현실을 인식한다고는 말할 수 없으며, 오히려 독서를 통해 '글바보'가 되거나 잘못된 주장에 이끌려 현실을 그릇되게 인식할 수도 있습니다.

어떻게 하면 가능성을 현실성으로 전화시켜 목적을 실현할 수 있을까요? 그것은 가능성이 가지고 있는 모순의 한 측면, 즉 현실성으로 전화되지 않는 측면을 극복함으로써 비로소 가능합니다. 이러한 극복이 이루어지려면 한편으로는 객관적 조건이 필요하고, 또 한편으로는 주체적 노력과 실천이 필요합니다. 닭이 알을 품어 병아리를 까는 경우에 알이 병아리로 될 수 있는 가능성을 가지고 있다 하더라도 닭이 품어 주지 않으면 알이 병아리로 될 수 없는 것처럼, 객관적 조건과 함께 주체적 노력과 실천이 있어야만 이러한 극복이 가능하며, 그럼으로써 가능성이 현실성으로 전화하여 목적이 실현되는 것입니다.